Een Authentieke Gids voor Meditatie

Shar Khentrul Jamphel Lodrö

Vertaald door Dennis Ruigrok (Mishik Wangchuk)

Dzokden

Auteur: Shar Khentrul Jamphel Lodrö
Engelse redacteur: Adrian Hekel
Nederlandse vertaler: Dennis Ruigrok (Mishik Wangchuk)

Eerste editie

ISBN: 978-1-961659-65-0 (Paperback)
ISBN: 978-1-961659-66-7 (ePub)

Gepubliceerd door:
DZOKDEN

Dit werk is geproduceerd door Dzokden, een non-profitorganisatie die volledig door vrijwilligers wordt beheerd. Deze organisatie is toegewijd aan het uitdragen van een niet-sektarische kijk op alle spirituele tradities van de wereld en aan het onderwijzen van het boeddhisme op een manier die zowel volledig authentiek als praktisch en toegankelijk is voor de westerse cultuur. De organisatie richt zich in het bijzonder op het verspreiden van de Jonang-traditie, een zeldzaam juweeltje uit een afgelegen deel van Tibet dat de kostbare leringen van de Kalachakra bewaart.

Voor meer informatie over geplande activiteiten of beschikbare materialen, of als u een donatie wilt doen, kunt u contact opnemen met:

Dzokden
3436 Divisadero Street
San Francisco, CA 94123 USA
www.dzokden.org
office@dzokden.org

Inhoudsopgave

Brief van de auteur

De meditatie-instructies in dit boek zijn niet bedoeld om slechts een paar keer te lezen en dan weg te leggen. Het kan buitengewoon waardevol zijn om vertrouwd te raken met deze lessen en ze als een levenslang doel te beoefenen. Als je de toewijding kunt opbrengen om deze instructies in praktijk te brengen, zal je leven veel meer betekenis en richting krijgen. Alleen wat oppervlakkige oefening zal echter niet noodzakelijk tot diepgaande resultaten leiden, tenzij je een uitzonderlijke mate van aangeboren spiritueel talent bezit. Net zoals een acrobaat niet vanaf zijn geboorte stunts kan uitvoeren maar voortdurend moet oefenen, is meditatie iets wat je keer op keer moet beoefenen. Over het algemeen heb je veel doorzettingsvermogen, toewijding en wijsheid nodig, samen met de bekwame begeleiding van leraren of spirituele vrienden. Na verloop van tijd wordt je beoefening echter een tweede natuur en zal er minder inspanning nodig zijn; dan wordt het een bron van vreugde en diepe betekenis.

Als je je niet kunt verhouden tot begrippen zoals verlichting of de jhana's, bedenk dan dat het wezenlijke doel van boeddhistische beoefening is om altijd bewust te zijn van je gedrag en om onder alle omstandigheden een goed hart te behouden. Vanuit dit perspectief is meditatie een belangrijke methode om 'vertrouwd te raken' met gevoelens van liefde en mededogen die je voortdurend zou moeten proberen te ontwikkelen. Wie je ook bent en wat je ook doet, dit zal je zeker ten goede komen.

Shar Khentrul Rinpoche Jamphel Lodrö
Belgrave, Australia

Shakyamuni Boeddha mediteert onder de Bodhiboom
"Verlichting", Tempelmuurschilderingen,
Bodhgaya, India, © van kunstenaar,
*Marianna Rydvald www.dakiniunlimited.com * www.dakiniart.com*

Inleiding

Tegenwoordig wordt meditatie steeds populairder. Het wordt erkend als een belangrijk onderdeel van een gezonde levensstijl en als een essentieel aspect van vele spirituele traities. Aangezien het op de juiste manier leren mediteren tot zoveel voordelen kan leiden, vond ik dat een boek zoals dit nuttig zou zijn om het meditatiepad te presenteren op een manier die zowel authentiek als toegankelijk is.

Ten eerste geloof ik dat dit materiaal authentiek is omdat het gebaseerd is op traditionele boeddhistische leringen die al meer dan tweeduizend jaar beproefd zijn. Door deze instructies te volgen hebben talloze meditatiebeoefenaars de ware aard van hun werkelijkheid kunnen ontdekken en hun leven volledig getransformeerd. Deze leringen bieden een praktische benadering die iedereen ten goede kan komen, ongeacht ras of religie. We noemen ze 'boeddhistisch' om aan te geven dat ze uit een authentieke bron komen.

Ik heb geprobeerd dit materiaal toegankelijk te maken door het gebruik van jargon te beperken en te verwijzen naar verschillende hedendaagse bronnen. Ik heb getracht een scala aan meditatietechnieken samen te vatten die niet alleen effectief waren tijdens Boeddha's tijd, maar die ook met aanzienlijk succes worden gebruikt door hedendaagse leraren.

Mijn hoop is dat dit boek je zal helpen een vorm van meditatie te vinden die je 'thuisbrengt' wanneer je dat wilt - naar een ruimte van rustige helderheid waarin je vrede kunt vinden en je energie kunt herstellen, of van waaruit je effectief in de wereld kunt functioneren en sierlijk kunt meebewegen met de golven van het leven. Maar bovenal hoop ik dat dit boek kan dienen als een 'brug' naar verlichting, of je nu een boed-

Een Authentieke Gids voor Meditatie

dhistisch pad volgt of een andere authentieke spirituele traditie. Voor degenen die in het bijzonder geïnteresseerd zijn in het boeddhistische pad, raad ik je van harte aan om de bronnen aan het einde van dit boek te verkennen, vooral de serie Unveiling Your Sacred Truth.

VEEL SUCCES!

I De Voorbereidingen

I. WAAROM IS MEDITEREN BELANGRIJK?

We hebben allemaal een grenzeloos potentieel om onze geest te ontwikkelen, maar momenteel wordt deze verstoord door loomheid, afleiding en ongecontroleerde emoties. Deze geestestoestanden kunnen steeds terugkeren. Meditatie kan onze geest zuiveren en verfijnen. Het kan ons helpen een doelmatiger, evenwichtiger, kalmer en vrediger leven te leiden. Op een dieper niveau kan het ons helpen geestkracht en focus te ontwikkelen. Als we in staat zijn onze gehechtheid aan wereldse zaken los te laten en een groot mededogen te ontwikkelen, kan dit leiden tot de ontdekking van onze verlichte natuur.

We moeten niet vergeten dat meditatie het niet-stoffelijke geestelijke bewustzijn ontwikkelt. Tegenwoordig beginnen we te begrijpen dat mentale verschijnselen voortkomen uit een verborgen dimensie van de werkelijkheid die fundamenteler is dan de splitsing tussen geest en materie. Dit is wat boeddhisten de subtiele geest noemen, en veel mediteerders hebben dit direct ervaren. In tegenstelling tot de vijf zintuiglijke gewaarwordingen, die afhankelijk zijn van bepaalde fysieke organen, kan deze subtiele geest op een onbegrensde manier worden getraind. De beoefening van meditatie kan tot buitengewone resultaten leiden als we er volhardend in zijn.

Je vraagt je misschien af hoe meditatie je in je dagelijkse leven ten goede kan komen. Ten eerste hangt je levenskwaliteit af van hoe je dingen waarneemt en erop reageert, en dit wordt bepaald door de kwaliteit van je bewuste gewaarwording. Meditatiebeoefening kan dit verbeteren, zodat je het leven kunt benaderen vanuit een staat van kalmte, helderheid, inzicht en begrip. Het kan je helpen om met beide benen op de grond te staan, in het hier en nu, en je verbonden te voelen met al je ervaringen. In plaats van verstrikt te raken in reacties op externe gebeurtenissen, kun je de dingen beter begrijpen zoals ze zijn en op een wijze manier reageren, met geduld en vriendelijkheid naar jezelf en anderen. Je kunt dan een innerlijke vrijheid ontdekken waarbij je je reacties kiest, in plaats van automatisch te reageren, weerstand te bieden of afleiding te zoeken.

Er zijn ook veel gezondheidsvoordelen verbonden aan meditatie. Deze omvatten verbeterde copingvaardigheden, beter geheugen, meer efficiëntie, betere slaap, een sterkere ontspanningsreactie, minder angst en depressie, en een vermindering van chronische pijn (doordat je leert om gewoon bewust te zijn van pijn zonder eraan toe te geven). Het kan ook leiden tot een verlaagde bloeddruk en hartslag, een verbeterde immuunfunctie en voordelen bij een breed scala aan lichamelijke aandoeningen, waaronder hartaandoeningen, diabetes en het kan de levenskwaliteit verbeteren bij kanker.

Het grootste voordeel van authentieke meditatiebeoefening is echter dat het de sleutel vormt tot het pad van verlichting en het ontwikkelen van grote wijsheid en mededogen. Dit lijkt misschien een 'ver-van-je-bed-show', maar als je de vaardigheid van meditatie echt ontwikkelt, zul je het leven vanuit een geheel nieuw perspectief zien en de waardevolle mogelijkheid waarderen die dit leven je biedt om je diepste waarheid te ontdekken. Als je oprecht deze weg inslaat, zul je ongetwijfeld ook veel andere voordelen in je leven ontdekken.

In dit boek zal ik beginnen met uit te leggen wat meditatie is, gevolgd door een korte schets van het meditatiepad en hoe je een geschikt object kiest. Daarna beschrijf ik de eigenlijke meditatiemethode, te beginnen met het creëren van de juiste uiterlijke en innerlijke omgeving. Vervolgens zullen we, met aandacht voor de ademhaling als voorbeeld, door de verschillende stadia van meditatie gaan die leiden tot perfecte eenpuntige concentratie. Daarna volgt een samenvatting van de belemmeringen voor meditatie en hun tegengiffen, gevolgd door instructies over analytische meditatie en een beschrijving van verschillende geavanceerde meditatietechnieken.

II. WAT IS MEDITATIE?

Het woord 'meditatie' is wereldwijd bekend. De betekenis ervan is echter vaak beperkt, verkeerd begrepen en gepresenteerd op een manier die wat simplistisch is, althans vanuit het oogpunt van het boeddhisme. De betekenis van meditatie is uitgestrekt als een oceaan en omvat een schat aan vaardigheden en methoden. In dit stadium is het niet nodig om alle betekenissen van meditatie te begrijpen, maar het is wel essentieel om de juiste kijk op meditatie te ontwikkelen en de fundamentele aspecten ervan te begrijpen.

Het Tibetaanse woord voor meditatie is gom, wat zowel vertrouwdheid als het proces van vertrouwd raken betekent. Vanuit een boeddhistisch perspectief betekent het leren herkennen van en gewend raken aan een zienswijze van de werkelijkheid die de ware aard van je ervaring weerspiegelt, waardoor je wijsheid en mededogen ontwikkelt. Door op deze manier te mediteren, raak je gewend aan een waarachtiger gevoel van wie je werkelijk bent. Dit beeld wordt steviger en stabieler naarmate je concentratie zich ontwikkelt. In plaats van slechts een intellectueel concept te blijven, kan deze visie onderdeel worden van je dagelijkse realiteit.

Op een eenvoudig niveau kunnen we meditatie zien als een hulpmiddel voor emotioneel en mentaal welzijn, en voor het bereiken van balans in ons leven. In de moderne wereld dragen we vaak veel span-

*Een monnik die de zevenpunts meditatiehouding van
Vairochana laat zien*

ning in ons lichaam, aangedreven door de gewoonte van dwangmatig denken en een cultuur die ons aanspoort om steeds verder te gaan. Meditatie kan dan een hulpmiddel zijn om 'sierlijk tot rust te komen' en een evenwichtspunt te hervinden waar je kunt kiezen om stil te zijn en je energie te herstellen. Door dit evenwichtspunt te vinden, kun je effectiever en helderder zijn wanneer het tijd is om actief te worden in de wereld, zoals in je werk- en gezinsleven. Dit is vergelijkbaar met weten waar het strand is en er naartoe kunnen terugkeren wanneer je maar wilt, terwijl je in de oceaan van het leven zwemt en omstandigheden tegenkomt die soms kalm zijn en soms wild en stormachtig. Je kunt het ook vergelijken met een tas die je naast je draagt. In het begin is hij vrij licht, maar als je hem urenlang met dezelfde arm blijft dragen, wordt hij met de minuut zwaarder. Dit is vergelijkbaar met de spanning die we met ons meedragen - al onze verhalen, angsten, zorgen, stress en verantwoordelijkheden. Meditatie stelt je in staat om de tas even neer te zetten, zodat je hem daarna met veel meer gemak, energie en helderheid weer kunt oppakken.

Er zijn twee hoofdniveaus van meditatie: shamatha (ook bekend als kalm verblijven) en vipassana (of helder zien). Shamatha verwijst naar de techniek van eenpuntige meditatie, waarbij je je aandachtig op een enkel object concentreert om eraan te wennen en zo de geest tot eenheid te brengen en te concentreren. De geest wordt daardoor veel stabieler dan de gewone, alledaagse geest. Het beschrijft ook de gelukzalige en onverstoorde gemoedstoestand die het resultaat is van shamatha-beoefening. Vipassana daarentegen verwijst naar inzichtmeditatie. Deze legt de nadruk op het begrijpen van de ware aard van de geest en de verschijnselen die in de geest opkomen.

Als we aan een kaars denken, is shamatha als de stabiliteit van de vlam en vipassana als de helderheid van de vlam. Om een afbeelding duidelijk te zien, heb je een vlam nodig die zowel stabiel als helder is. Om de ware aard van je ervaring te ontdekken, heb je evenzo een geest nodig die zowel kalm als helder is. Dit betekent echter niet dat shamatha en vipassana volledig van elkaar gescheiden zijn. Veel leraren vergelijken deze twee methoden met twee uiteinden van een stok of twee kanten van één hand. Hoe meer rust en concentratie je ontwikkelt, hoe groter de kans dat je inzicht ontwikkelt. Hoe meer inzicht je ontwikkelt, hoe gemakkelijker het voor je geest is om gefocust en kalm te zijn. Om schadelijke emoties en mentale toestanden volledig uit te roeien, is het echter noodzakelijk dat beide aanwezig zijn. Dit staat bekend als de vereniging van shamatha en vipassana.

Alle soorten meditatie volgen dezelfde basismethode:

1. Kalmeer je lichaam;
2. Focus op het door jou gekozen object;
3. Wanneer er gedachten of gevoelens opkomen, observeer ze dan met bewustzijn;
4. Breng je geest voorzichtig terug naar het object.

Shamatha-meditatie legt de nadruk op de tweede stap. Terwijl je jezelf traint, raak je gewend aan een stabiele geest of je raakt vertrouwd met een meditatie-object. Geleidelijk worden afleidende gedachten subtieler en uiteindelijk doven ze uit en blijft alleen de stilte over. Inzichtmeditatie legt vooral de nadruk op de derde stap, waarbij je leert gedachten en gevoelens met volledig bewustzijn te volgen om hun aard te onderzoeken. Bij beide methoden is het cruciaal dat je niet probeert gedachten of gevoelens te 'blokkeren', maar dat je je ervan bewust wordt en je geest voorzichtig terugbrengt naar het meditatie-object.

Deze vier stappen omvatten ook drie belangrijke vaardigheden die je geleidelijk ontwikkelt terwijl je leert mediteren. De eerste is ontspanning, waarbij het lichaam leert alle gebruikelijke spanningen los te laten en zich 'ruimtelijk' te voelen. De tweede is mindfulness, de absorptie van de geest in het object van meditatie, zodat de geest 'vol' wordt van het object. De laatste vaardigheid is gewaarwording of waakzaamheid, wat verwijst naar een aspect van de geest dat functioneert als een waakzame bewaker, die controleert of je mindful bent of niet en het object steeds levendiger maakt. Het waarschuwt je ook als je in een toestand van loomheid, agitatie of andere hindernissen vervalt, en houdt een ontvankelijk bewustzijn in stand van objecten op de achtergrond, zoals beelden en geluiden. Deze drie eigenschappen zijn als de wortels, stam en bladeren van een boom. Naarmate onze beoefening groeit, gaan de wortels van ontspanning dieper, wordt de stam van mindfulness sterker en reiken de bladeren van waakzaamheid hoger.

III. OVERZICHT VAN HET MEDITATIEPAD

Het beginnen met mediteren start wanneer je je motivatie verheldert en een filosofisch begrip krijgt van waar deze praktijk je naartoe kan leiden. Het helpt ook om een sterke basis van moraliteit, discipline en evenwicht in je leven op te bouwen. Voor sommige mensen kan dit betekenen dat ze hun leven vereenvoudigen om ruimte te maken voor meditatiebeoefening, voor anderen kan het betekenen dat ze actiever in het leven worden betrokken. Voor weer anderen kan het zelfs betekenen dat ze een klooster betreden of ervoor kiezen om zich aan bepaalde leefregels te houden. Deze basis van discipline helpt je om mindfulness te ontwikkelen in het dagelijkse leven. De motivatie waarmee je meditatie beoefent kan zijn om jezelf in dit leven te helpen, om bevrijding van lijden te bereiken, of om volledige verlichting te verwerven voor het welzijn van alle wezens. Elke motivatie is even geldig en we kunnen niet zeggen dat de ene beter is dan de andere, maar een ruimere intentie zal waarschijnlijk tot meer voordeel leiden.

Over het algemeen begin je met het kiezen van een geschikt meditatie-object (of dit nu één of meerdere zijn) en beoefen je eenpuntsmeditatie om de shamatha-geestestoestand te bereiken. Je maakt geleidelijk voortgang door negen aandachtstoestanden of stadia, die leiden tot een stabiele staat van vrede en perfecte concentratie die je op elk gewenst object kunt richten. Degenen die shamatha bereiken, zullen vrij

*De drie belangrijkste meditatievaardigheden: ontspanning, mindfulness
en gewaarwording of waakzaamheid*

zijn van storende emoties en in staat zijn om lange tijd in een vredige gemoedstoestand te verblijven. Deze meditatie is gebruikelijk in zowel boeddhistische als niet-boeddhistische tradities. Als je enige vooruitgang boekt in het bereiken van eenpuntsconcentratie, zul je tijdens je meditatie toestanden van grote vrede ervaren en veel voordelen in je dagelijks leven opmerken.

Als je niet gehecht bent aan deze vredige gemoedstoestand en de moed en toewijding hebt om verder te gaan, zul je een stadium bereiken waarin je zeer gemotiveerd bent om te blijven oefenen, geïnspireerd door vele gelukzalige en vredige ervaringen. Dit kan leiden tot het bereiken van uiterst verfijnde concentratietoestanden die bekend staan als de jhana's. Dit zijn ongelooflijk gelukzalige, volledig geabsorbeerde geestestoestanden waarin je je totaal niet bewust bent van de uiterlijke wereld.

Het resultaat van shamatha- of jhana-beoefening kan een wereldse of 'samsarische' verworvenheid zijn, wat betekent dat het niet noodzakelijk tot bevrijding van lijden leidt. Vanuit een boeddhistisch perspectief echter, kan deze vaardigheid met de juiste motivatie en wijsheid op verlichting worden gericht. Vanuit dit oogpunt is shamatha niet het uiteindelijke doel, maar eerder een fundamentele stap naar het ontdekken van werkelijk inzicht in de aard van je ervaring. Het wordt dan mogelijk om alle destructieve emoties en mentale toestanden te overwinnen en een volmaakte en blijvende bevrijding van de ervaring van lijden te bereiken.

Sommige mensen ontwikkelen eerst de kalme geest van shamatha, gevolgd door inzicht, terwijl anderen eerst inzicht ontwikkelen en later meditatieve stabiliteit. Weer anderen ontwikkelen kalmte en inzicht tegelijkertijd, terwijl het bij anderen veel doorzettingsvermogen vereist om de geest tot rust te brengen en het pad te volgen.

IV. EEN MEDITATIE-OBJECT KIEZEN

Om een geschikt meditatiepad te vinden, is het cruciaal om één of meerdere meditatie-objecten te hebben die passen bij jouw persoonlijkheidstype. Ideaal is een object waar je van gaat houden. Je kunt dit object kiezen op basis van je ervaring of voorkeur, of een leraar kan je er één aanbevelen. Een bepaald object wordt meestal gekozen om je te helpen een zwakte te overwinnen of omdat het voortbouwt op je sterke punten. Als je bijvoorbeeld snel boos wordt, kan het overdenken van liefdevolle vriendelijkheid een zeer geschikt object zijn, omdat het als tegengif voor woede werkt. Als je een gevoelsmatig persoonlijkheidstype hebt, kun je je aangetrokken voelen tot liefdevolle vriendelijkheid of devotionele praktijken, omdat dit soort objecten bij je persoonlijkheid past. Evenzo kunnen denktypes aangetrokken worden tot bepaalde vormen van analytische meditatie en kunnen gevoelstypes baat hebben bij technieken die de aandacht richten op het lichaam of zintuiglijke gewaarwording.

Een andere overweging is dat wanneer je mediteert om eenpuntsconcentratie te bereiken, je naarmate je focus verbetert een steeds subtieler object kunt kiezen. In het begin kan een bewegend object zoals langzaam lopen of ademhalen het meest geschikt zijn, maar op een bepaald moment is het beter om je te concentreren op een stabiel, niet-bewegend object zoals een heilig beeld of een gevisualiseerd mentaal object.

Volgens het Mahayana- en Vajrayana-boeddhisme zijn er oneindig veel meditatie-objecten die geschikt zijn voor verschillende soorten wezens om eenpuntsconcentratie te ontwikkelen. De Theravada-traditie beschrijft veertig verschillende objecten van contemplatie die passen bij mensen met verschillende temperamenten.

Wandelmeditatie richt zich op het bewustzijn van de grond

We kunnen bijna alle meditatie-objecten in acht categorieën indelen:

1. Ademhalingsmeditaties (spontane ademhaling en gecontroleerde ademhaling).
2. Visualisaties (zoals een afbeelding van de Boeddha of visuele objecten genaamd 'kasinas' die de vier elementen en vier kleuren vertegenwoordigen).
3. Mantra-meditaties (waarbij een klank of groep lettergrepen wordt herhaald, vaak samen met een visualisatie).
4. Bewegingsmeditaties (zoals langzaam wandelen of yoga).
5. Meditatie op energiecentra of chakra's.
6. Jhana-meditaties (zeer diepe staten van meditatieve absorptie).
7. Analytische meditaties (inclusief contemplaties zoals vergankelijkheid, liefdevolle vriendelijkheid of gebeden en devotionele praktijken, evenals het in twijfel trekken van de relatieve werkelijkheid).
8. Open bewustzijn meditaties (inclusief open bewustzijn van de inhoud van de geest of de donkere kamer beoefening van de Kalachakra Tantra)

De eerste zes categorieën leggen de nadruk op de ontwikkeling van eenpuntsconcentratie, terwijl de laatste twee categorieën de nadruk leggen op inzicht. Toch kan elke categorie leiden tot zowel concentratie als inzicht. De Kalachakra's donkere-kamer-beoefening wordt bijvoorbeeld gebruikt om shamatha te bereiken door te focussen op de non-conceptuele staat, en op een bepaald moment leidt dit tot direct inzicht in de ultieme waarheid.

Als je geest voornamelijk wordt gekweld door overmatige gedachten of je hebt een 'speculatief temperament' – wat vrij veel voorkomt bij onze drukke en gespannen levensstijl – kan het focussen op de natuurlijke stroom van de ademhaling een effectieve manier zijn om de geest tot rust te brengen en het lichaam te ontspannen. Bewustzijn van innerlijke

gevoelens en sensaties kan ook helpen om een meer ontspannen toestand te bereiken. Mindfulness van lichaamsbewegingen zoals tijdens
langzaam lopen of yoga kan dit eveneens bevorderen. Bij loopmeditatie
kun je je aandachtig richten op elk moment van de beweging van elke
voet, en je kunt dit synchroniseren met je ademhaling ('inademen met
bewustzijn van de linkervoet, uitademen bewust van de rechtervoet') of
met een mantra (bud-dho wordt in de Thaise traditie gebruikt, waarbij
elke lettergreep zachtjes wordt uitgesproken bij elke stap). Het gebruik
van de ademhaling als meditatie-object wordt later in dit boek uitgebreid beschreven.

Als je voornaamste hinderlijke emotie haat of woede is, dan zou liefdevolle vriendelijkheid, ook wel metta genoemd, een goed meditatie-object kunnen zijn. Op vergelijkbare wijze kan meditatie op medevreugde
een geschikt object zijn als je neiging hebt tot jaloezie. Als je mediteert
op liefdevolle vriendelijkheid, kun je herkennen dat alle levende wezens
naar geluk streven – net als jij – en cultiveer je de wens dat ze oprecht
geluk en de oorzaken daarvan mogen vinden. Deze meditatie vormt de
basis voor meer geavanceerde contemplaties over liefde en mededogen
zoals die in de Mahayana-boeddhistische traditie worden gepresenteerd.

Als daarentegen gehechtheid of lust je voornaamste kwelling is,
is een effectieve methode om een aantrekkelijk persoon in gedachten
te nemen en te denken aan de onaantrekkelijke aspecten van het lichaam, zoals vlees, botten, interne organen, etter, bloed en urine. Je
kunt ook de verschillende stadia van ontbinding van een menselijk lichaam overdenken, die in de Theravada-leer worden beschreven in negen stadia, bekend als de negen crematiegrond-contemplaties. Hoewel
dit afstotend mag klinken, zijn degenen die deze vorm van meditatie
beoefenen vaak verrast dat hun ervaring tamelijk gelukzalig is, aangezien gelukzaligheid op natuurlijke wijze ontstaat wanneer kwellende
begeerte wordt verwijderd.

Geschikte objecten voor degenen met een gelovige aard (gevoelsty-
pen) zijn onder meer de herinnering aan de Boeddha en de Drie Juwe-

len, goddelijke wezens en deugden zoals vrijgevigheid. Dit kan vooral van toepassing zijn op mensen met een achtergrond in het christendom of andere op geloof gebaseerde religies die zich aangetrokken voelen tot gebed of devotionele praktijken. Voor denktypen zijn daarentegen mindfulness van de dood en vergankelijkheid, beschouwing van het lichaam als een verzameling elementen en contemplatie van onderlinge afhankelijkheid geschikte objecten. Deze contemplaties kunnen ook dienen als tegengif voor trots en arrogantie.

Een effectieve visualisatiemethode, die verschillende van deze objecten combineert, is je bewust worden dat je lichaam is ontstaan uit kwellingen en karmische neigingen, en het dan visualiseren als een onzuivere verzameling van vlees, botten, bloed, etter, uitwerpselen en alle andere kenmerken die je kunt bedenken. Visualiseer in het centrum van het hart een stralend licht dat je verlichte natuur symboliseert en dat langzaam door het hele lichaam uitstraalt. De geest blijft in eenpuntsconcentratie het licht volgen zonder afleiding, en je hele lichaam wordt onverwoestbaar stralend licht. Dit symboliseert volledige zuivering en geleidelijke verwerkelijking van je verlichte natuur.

Zolang je motivatie zuiver is en je visie juist, kunnen tantrische meditaties met visualisaties en mantra's een zeer effectieve manier van beoefening zijn. Deze kunnen vooral geschikt zijn voor mensen met een intuïtief persoonlijkheidstype. Meditaties die visualisatie en mantra omvatten (bekend als godheid-yoga of het generatiestadium) kunnen je verbinden met een aspect van je verlichte natuur, en een bepaalde godheid kan passen bij een bepaald temperament. De Manjushri-mantra OM AH RA PA DZA NA DHI kan bijvoorbeeld worden gebruikt om wijsheid te ontwikkelen, en de Chenrezig-mantra OM MA NI PADME HUNG kan worden gebruikt om mededogen op te wekken. De Vajrapani-mantra, HUNG VAJRA PHET, kan je helpen om mededogende kracht en sterkte te genereren. De Medicijnboeddha-mantra kan je helpen om jezelf te helen zodat je anderen kunt helpen: TAYATA OM BE-KANZE BEKANZE MAHA BEKANZE RADZA SAMUDGATE SVA-

HA. Ten slotte kan de Witte Tara-mantra OM TARE TUTARE TURE SVAHA je verbinden met de vrouwelijke kwaliteit van liefde en een lang leven. Elk van deze praktijken gaat gepaard met een specifieke visualisatie, waarvan de details in verschillende teksten te vinden zijn. Iedereen met de juiste motivatie kan enig voordeel halen uit het reciteren van deze mantra's; ze zijn echter krachtiger als je een initiatie hebt ontvangen of specifieke studie hebt ondernomen.

Energiecentra of chakra's zijn een ander meditatie-object, hoewel ze in het boeddhisme meestal deel uitmaken van vrij geavanceerde praktijken waarvoor gewoonlijk bepaalde voorbereidende oefeningen moeten worden voltooid (bekend als het voltooiingsstadium). Het uitvoeren van deze praktijken als beginner is als het bouwen van een huis zonder solide fundering en leidt waarschijnlijk niet tot veel voordeel. Verschillende niet-boeddhistische yogascholen bieden krachtige methoden om de chakra's te activeren en kunnen zeer effectief zijn voor bepaalde typen mensen. Als je echter naar verlichting streeft, moet je zorgvuldig onderzoeken of er verschillen zijn tussen de boeddhistische en yogische zienswijzen, en je afvragen welk pad je op de lange termijn het meeste voordeel zal brengen.

Een laatste overweging is het kiezen van een meditatie-object (of objecten) dat je helpt concentratie te ontwikkelen op een manier die je in je dagelijkse leven kunt integreren. Mindfulness van het huidige moment of open gewaarzijn kan daarom een zeer praktische methode zijn, omdat je ervaring in het leven je ervaring in meditatie zal weerspiegelen. Je dagelijkse werk kan ook een vorm van meditatie worden – vaak bevind je je in een toestand van 'flow' wanneer je werk niet te saai is (wat tot loomheid leidt) of te uitdagend (wat tot stress en agitatie leidt). De Boeddha vertelde ooit aan een oude vrouw die wilde mediteren dat ze zich bewust moest blijven van elke beweging van haar handen terwijl ze water uit de put haalde. Dit werd haar dagelijkse beoefening.

Je zult ook verschillende cycli gedurende de dag opmerken, waarin sommige meditatie-objecten geschikter zijn dan andere. Als je aandachtig let op de natuurlijke cycli van het lichaam, zul je ontdekken dat lichaam en geest afwisselen tussen perioden van beweging (of energie verbruiken) en perioden van rust (energie herstellen). Tijdens perioden van beweging is het effectiever om een meditatie-object te gebruiken waarbij onze geest wordt 'gericht' of gekanaliseerd in een duidelijke richting, zoals een analytische meditatie, mantra of het tellen van de ademhaling. In perioden van rust kun je de voorkeur geven aan meer 'ontvankelijke' meditaties, omdat de geest dan van nature kalmer, opener en gelukzaliger is. Je kunt zelfs leren mediteren tijdens dromen en diepe slaap, wat kan leiden tot het behouden van een ononderbroken bewustzijn, dag en nacht.

V. DE JUISTE OMGEVING CREËREN

Net zoals een zaadje zonlicht, regen en vruchtbare grond nodig heeft om tot een boom uit te groeien, hebben we voor het trainen van de geest in meditatie verschillende uiterlijke en innerlijke voorwaarden nodig. Dit omvat de juiste locatie, de juiste houding, de juiste geestesgesteldheid en voorbereidende oefeningen om de geest te kalmeren.

(i) De Juiste Locatie

Het is nuttig om een plek voor te bereiden die bevorderlijk is voor meditatiebeoefening: rustig, schoon, opgeruimd, gezegend en vrij van onderbrekingen of afleidingen. Bepaalde locaties zijn geschikt voor verschillende soorten beoefening – een vredige bosomgeving kan bijvoorbeeld helpen bij het ontwikkelen van kalmte en concentratie, terwijl een plek met een weids uitzicht een effectieve plaats kan zijn om inzicht te ontwikkelen. Hoewel een omgeving die lawaaierig is of veel afleidingen bevat een belemmering kan zijn voor beginners, kan het ontwikkelen van een goede meditatiegewoonte ondanks zulke uitdagingen juist tot grotere vooruitgang leiden.

Als je begint met mediteren, is het het beste om een vast schema aan te houden en de sessies op dezelfde plaats te houden, waarbij je je op hetzelfde object concentreert. De hoeveelheid tijd die je aan meditatie besteedt tijdens elke sessie, hangt af van je vaardigheid en gemoedstoestand. Vijf tot vijftien minuten per sessie is een goed startpunt en meerdere keren per dag is ideaal.

(ii) De Juiste Houding

Het is belangrijk om de elementen van de meditatiehouding te kennen die het meest bevorderlijk zijn voor een stabiele geest, omdat de grove geest tijdens dit leven tijdelijk verbonden is met en beïnvloed wordt door het lichaam. Ook mentale ontwikkeling is tijdelijk verbonden met het lichaam totdat je het achterlaat op het moment van de dood. In alle boeddhistische oefeningen worden materiële zaken beschouwd als een nuttig middel tijdens dit tijdelijke leven. Het lichaam is in dit opzicht als een boot en de mediteerder als een passagier. De passagier is afhankelijk van de boot tijdens het oversteken van de oceaan, en zonder de boot zou de passagier kunnen verdrinken of het land niet kunnen bereiken. Maar zodra de bestemming is bereikt, heeft de boot geen nut meer.

Je kunt mediteren terwijl je zit, ligt, loopt of staat – en elk van deze houdingen kan formeel of informeel worden gebruikt.

Bij het zitten kun je een comfortabele stoel met rechte rugleuning, een meditatiekruk of kussen gebruiken. De handen rusten samen in de schoot of op de dijen, terwijl de rug recht is als een pijl en de kin licht naar binnen is getrokken. Bij het liggen geldt: als je geest onrustig is, kun je op je rug liggen met je armen naast je lichaam en je handen open (hoewel je deze houding moet vermijden als je geest suf is). Om een grotere helderheid van geest te ondersteunen, kun je op je rechterzij liggen met je rechterhand onder je gezicht, je benen samen met de knieën licht gebogen en je linkerarm langs de linkerkant van je lichaam. Bij het lopen en staan houd je je handen – de rechter in de linker – voor je lichaam, of je kunt je vingers vervlechten als je dit gemakkelijker vindt. Zorg ervoor dat je een rechtopstaande maar ontspannen houding hebt, en laat je armen natuurlijk hangen.

Het is nuttig om de elementen van de zithouding in detail te kennen, aangezien dit de houding is die het meest bevorderlijk is voor effectieve meditatie, wat nodig is als je vastbesloten bent om een hoge staat van concentratie te bereiken. De houding bestaat uit zeven kenmerken en staat bekend als de zevenpuntshouding van Boeddha Vairocana. Deze zeven kenmerken zijn:

1. Benen (gekruist)

Idealiter moeten de benen gekruist zijn in de vajra-houding, met de linkervoet rustend op de rechterdij en de rechtervoet op de linkerdij. Als deze positie te moeilijk is, voldoet elke comfortabele kleermakerszit, maar merk op dat meer stabiliteit en verzameldheid wordt bereikt als het bekken iets opgetild is zodat de heupen naar voren kantelen. Aangezien ons lichaam zeer gevoelig is voor onze omgeving, kun je door op de grond te zitten een gevoel krijgen van de grote energie die verbonden is met de immense aarde onder je, die je ondersteunt. Een goede kleermakerszit zorgt voor een uitstekende fysieke balans en symboliseert ook het evenwicht of de vereniging van methode en wijsheid.

Evenzeer van belang als het zitten in de juiste houding is het comfortabel zitten. De optimale zithouding draagt bij aan de ontwikkeling van je meditatie, maar comfortabel zitten betekent dat je minder afgeleid wordt tijdens je meditatie en dat het voor je lichaam gemakkelijker is om te ontspannen. Daarom kun je ervoor kiezen om op een stoel te zitten met je benen ontspannen, je knieën in een rechte hoek en je zitvlak stevig ondersteund door de stoel, waarbij je zorgt dat je rug recht blijft.

2. *Handen (in je schoot)*

De rechterhand moet bovenop de linkerhand worden geplaatst met de handpalmen naar boven, zachtjes rustend in je schoot (voor vrouwelijke mediteerders kan het effectiever zijn om de linkerhand bovenop de rechterhand te plaatsen). De toppen van de duimen moeten elkaar net onder de navel raken. De positie van de handen drukt de vereniging van methode en wijsheid tijdens je beoefening uit. Je zou een gevoel van ontspanning moeten ervaren dat zich uitstrekt van je schouders tot je polsen en handen, waardoor eventuele spanning in je bovenlichaam kan wegvloeien.

3. *Rug (wervelkolom recht)*

Het lichaam moet rechtop worden gehouden als een pijl of een stapel gouden munten, zonder zijwaarts, achterwaarts of voorwaarts te leunen. Dit heeft een enorm effect op de innerlijke energiestromen, de subtiele bewegingen van energie die in het lichaam en de geest circuleren, nauw verwant aan de adem en die met groot effect kunnen worden gebruikt in bepaalde geavanceerde praktijken. De rechte rug helpt ook om je geest alert en aandachtig te houden. Probeer je evenwichtig en helder te voelen van binnen, van de top van je hoofd tot aan je basis. Je kunt tijdens de meditatie kleine aanpassingen maken om ervoor te zorgen dat je houding gebalanceerd en recht blijft. Het doel is om stil, ontspannen en alert te blijven; stijf en onbeweeglijk zijn is een belemmering voor gewaarwording.

4. *Schouders en ellebogen (teruggetrokken en iets van het lichaam af)*

De schouders en armen moeten een beetje teruggetrokken en licht gebogen zijn, zodat ze gelijkmatig aan weerszijden van het lichaam geplaatst zijn. Dit helpt de longen om correct uit te zetten en bevordert de ademhaling tijdens de meditatie. De ellebogen moeten een beetje van het lichaam af blijven.

5. *Hoofd en nek (kin licht omlaag)*

Het hoofd moet niet te hoog gehouden worden en ook niet te ver naar beneden gebogen. Houd het hoofd recht en gecentreerd, met de kin licht ingetrokken en de neus in lijn met de navel. Probeer de nek niet zijwaarts of achterwaarts te buigen.

6. *Mond (gezicht ontspannen en de punt van de tong tegen het gehemelte)*

De tanden en lippen moeten in een natuurlijke positie worden gehouden, waarbij de tanden elkaar nauwelijks raken. Het is belangrijk om het gezicht en de kaak ontspannen en vredig te houden, wat overmatig slikken voorkomt. De punt van de tong moet zachtjes achter de bovenste tanden worden geplaatst, wat helpt om de geest scherp te houden en droogte en kwijlen voorkomt. Als je geest nogal onrustig is en je het moeilijk vindt om een kalme toestand te bereiken, kan het plaatsen van de tong achter de ondertanden helpen om de geest te ontspannen en tot rust te brengen.

7. *Ogen (kijkend voorbij de punt van de neus)*

De ogen moeten niet te wijd geopend zijn, maar ook niet helemaal gesloten. Als ze te wijd open zijn, kun je gemakkelijk afgeleid raken, en als ze helemaal gesloten zijn, kan je geest wazig of suf worden. In het begin kan het echter helpen om de ogen zachtjes gesloten te houden, zodat je lichaam gemakkelijker in een diepere staat van ontspanning kan komen. Na een tijdje op deze manier gemediteerd te hebben, zul je merken dat je natuurlijk meer in balans komt en je ogen misschien een beetje wilt openen. Ook als er een gevisualiseerd object wordt gebruikt om op te focussen tijdens meditatie, of wanneer de geest te onrustig is, is het belangrijk om je ogen te sluiten.

Er zijn verschillende methoden om je blik te richten. De eerste methode is om recht voor je uit te kijken naar een kleur die niet te fel is, of naar een aangenaam of heilig object zoals een bloem of een afbeelding van de Boeddha. De tweede (en meer gebruikelijke) methode is om de ogen naar beneden te richten, zachtjes en sereen in de ruimte starend iets voor de punt van je neus. Focus niet te sterk, houd je ogen stil en laat natuurlijk knipperen toe. Deze twee methoden zijn geschikt voor beginners. Andere specifieke meditatietechnieken omvatten omhoog kijken met wijd open ogen in de uitgestrekte ruimte, wat in feite op natuurlijke wijze kan gebeuren wanneer de geest een bepaald niveau van kalmte heeft bereikt en helder inzicht begint te ontstaan. Een andere methode, die veel wordt beoefend in de Jonang-traditie van het Tibetaans boeddhisme, is mediteren in een volledig donkere kamer, met de ogen wijd open en omhoog gericht, gefocust op een punt ongeveer dertig centimeter voor je voorhoofd in de allesomvattende duisternis.

Iedereen die volhardt in het correct beoefenen van deze houding, hoe moeilijk of pijnlijk het in het begin ook lijkt, zal deze uiteindelijk uiterst comfortabel en bevorderlijk voor de gezondheid vinden. Het belangrijkste voordeel is echter dat het je meditatiebeoefening en mentale ontwikkeling op de lange termijn zal ondersteunen. Als je niet echt geïnteresseerd bent in intensieve beoefening en het bereiken van shamatha, kan het net zo effectief zijn om te mediteren in een houding die je comfortabel vindt en waarin je gemakkelijk kunt ontspannen.

(iii) De juiste instelling

Er zijn vele 'innerlijke voorwaarden' die noodzakelijk zijn voor succesvolle meditatiebeoefening. Volgens de Theravada-leer is verzaking de belangrijkste voorwaarde – dit betekent het erkennen van de waarheid van het lijden en meditatie zien als een middel om je ervaring van lijden te overwinnen. Sommige mensen beginnen met meditatie met dit in gedachten, maar vergeten deze intentie en worden zelfgenoegzaam wanneer hun beoefening goed gaat of hun leven is verbeterd. De Boeddha vergeleek dit met iemand die kernhout zoekt maar in plaats daarvan takken of schors van een boom afsnijdt en die meeneemt, denkend dat dit kernhout is.

In de Tibetaanse traditie beschrijft de negende Karmapa vier voorwaarden die noodzakelijk zijn voor succesvolle meditatie: verzaking, vertrouwen op een gekwalificeerde Dharmaleraar, een niet-sektarische visie en een geest die vrij is van verwachtingen. Als je een Mahayana-pad volgt, is het belangrijk om de verlichting van anderen als belangrijker te beschouwen dan je eigen bevrijding, waarbij je de speciale motivatie van bodhicitta in gedachten houdt en de steun van de Boeddha of je Dharmaleraar aanroept. Je zou deze motivatie ook aan het einde van je beoefening moeten hernieuwen, door deze op te dragen aan de verlichting van alle wezens. Dit zorgt ervoor dat de verdienste van je beoefening behouden blijft en kan groeien; anders kan ze verminderd of vernietigd worden door negativiteit.

In praktische zin zou je jezelf moeten beschouwen als een persoon 'zonder geschiedenis', waarbij je bezorgdheid over herinneringen aan het verleden of de toekomst loslaat, evenals huidige afleidingen en verwachtingen. In het bijzonder zou je gedachten van ontmoediging moeten loslaten als je beoefening niet goed gaat, en vermijden dat je je laat meeslepen door trots en opwinding als je tijdens meditatie goede ervaringen hebt.

(iv) Voorbereidende Oefeningen

Om te beginnen met mediteren met een geest die kalm en ontvankelijk is, is het nuttig om enkele voorbereidende oefeningen te doen die je hierbij kunnen helpen.

De eerste hiervan is een korte oefening uit de Tibetaanse traditie die 'het uitademen van de bedorven lucht' wordt genoemd, waarbij je je voorstelt dat al je onzuiverheden krachtig door je neusgaten worden uitgeblazen. Dit helpt om contraproductieve energiestromen uit het subtiele lichaam te verwijderen die verband houden met gehechtheid, afkeer en onwetendheid. Aangezien de adem en de geest nauw met elkaar verbonden zijn, is deze oefening een uitstekend beginpunt voor elke meditatie.

Een eenvoudige versie van deze oefening is het nemen van drie diepe ademhalingen, waarbij je telkens inademt tot in je buik en de adem even vasthoudt, en dan krachtig uitademt door beide neusgaten terwijl je je voorstelt dat alle onzuivere energieën zoals lust en haat je lichaam en geest verlaten. Dit kan op elk moment tijdens je meditatie worden herhaald als je voelt dat je je concentratie verliest.

Een iets uitgebreidere versie omvat in totaal negen ademhalingen. Adem eerst diep in door het rechterneusgat terwijl je het linkerneusgat dichthoudt met je linkerduim. Je kunt de positie van je linkerhand stabiliseren door de linkerwijsvinger op het midden van je voorhoofd te houden. Sluit vervolgens je rechterneusgat met je linkermiddelvinger en laat het linkerneusgat los, terwijl je door het linkerneusgat uitademt. Herhaal dit drie keer, en adem dan diep in door het linkerneusgat terwijl je het rechterneusgat gesloten houdt met je linkermiddelvinger; sluit vervolgens je linkerneusgat met je linkerduim en laat het rechterneusgat los, terwijl je door het rechterneusgat uitademt. Herhaal dit drie keer. Leg ten slotte je handen terug in je schoot en adem diep in door beide neusgaten, en adem dan uit door beide neusgaten. Herhaal dit nogmaals drie keer, wat een totaal van negen ademhalingen oplevert.

Na deze ademhalingsoefening is het nuttig om je lichaam zachtjes heen en weer te bewegen en je vervolgens bewust te worden van de contactpunten en de geluiden om je heen. Controleer eerst of je wervelkolom recht is en beweeg je lichaam zachtjes van links naar rechts, waarbij de bewegingen steeds kleiner worden totdat je op natuurlijke wijze een evenwichtspunt bereikt. Wees je dan bewust van de contact- punten tussen je benen of voeten en de vloer, je zitvlak en je zitting, en je handen en je schoot, en zorg er vervolgens voor dat je buik, schou- ders, tong en kaken volledig ontspannen zijn. Word je tot slot bewust van alle geluiden om je heen – voor je, achter je en aan beide zijden – wees eenvoudig ontvankelijk en luister zonder enige reactie. Nu ben je klaar om te mediteren.

HOOFDSTUK 2

De Ademhaling als Meditatie-Object en de Verschillende Fasen

Ik zal nu beschrijven hoe de ademhaling als meditatief object gebruikt kan worden, en hoe dit geleidelijk kan leiden tot het bereiken van shamatha. Veel mensen in de moderne wereld hebben het heel druk, leven in een overprikkelende omgeving en hebben last van overmatig nadenken en onrust. Dit zijn de primaire kwellingen die we willen overwinnen. Dit gaat vaak samen met een grote hoeveelheid 'nerveuze spanning' die het lichaam met zich meedraagt. Ademhalingsmeditatie is een uitstekende methode om deze kwellingen tegen te gaan, en werd ook op grote schaal onderwezen door de Boeddha.

Ik zal nu vier opeenvolgende stadia beschrijven, waarbij ik de ademhalingsmeditatie als uitgangspunt gebruik: mindfulness van het huidige moment, de geest op het object plaatsen, de geest bij het object houden en de geest verfijnen (leidend tot shamatha). Deze uitleg omvat de 'negen progressieve aandachtstoestanden' in de Tibetaanse traditie, gebaseerd op de lessen van Boeddha Maitreya en Kamalashila. Het omvat ook de stadia van ademhalingsmeditatie zoals beschreven in de Anapanasati Sutta in de Theravada-traditie. In de eerste twee stadia wordt ontspanning benadrukt, terwijl in het derde stadium mindfulness of de stabiliteit van de aandacht wordt benadrukt. Na een goede ontspanning en stabiliteit bereikt te hebben, worden in de latere stadia waakzaamheid en levendigheid van aandacht benadrukt.

Je hebt een bepaald stadium 'bereikt' als je meditatie-ervaring voor het grootste gedeelte overeenkomt met de beschrijving van dat stadi-

Gebruik de adem als een meditatieobject

um, en dit zo is gedurende al je sessies. Het stadium dat je hebt bereikt kan evenwel aanzienlijk variëren van sessie tot sessie. Het is dus belangrijk om je methode aan te passen aan je gemoedstoestand. Als je geest bijvoorbeeld veel onrustiger is dan normaal, is het een goed idee om vanaf het begin te starten met een ontspannen mindfulness van het lichaam, van de gevoelens en van de geest, en deze drie te verankeren aan je ademhaling. Over het algemeen kun je snel vordering maken door de eerste stadia, voordat je je 'gebruikelijke staat' bereikt, zolang je eraan denkt om niet te snel vooruit te willen gaan. 'Behoedzaam geduld' is de betrouwbaarste manier om voortgang te maken.

Onthoud ook dat je meditatiepad nooit vastligt. Op een bepaald punt kun je beslissen dat een ander object of een andere meditatiemethode gunstiger is. Als je bijvoorbeeld een bepaald niveau van concentratie bereikt hebt, zou je misschien de voorkeur kunnen geven aan mediteren met open gewaarwording als object, een visualisatie of mantra gebruiken, of misschien meer tijd besteden aan studie en analytische meditatie. Welk object je ook kiest, de stadia die tot shamatha leiden, blijven van toepassing op je meditatiebeoefening.

I. MINDFULNESS VAN HET HUIDIGE MOMENT MET BEHULP VAN DE ADEMHALING

Veel mensen vinden het moeilijk om zich meteen op een enkel meditatief object te richten. Het doel van dit eerste stadium is dan ook het creëren van een ontvankelijke (maar niet reactieve) gemoedstoestand, zodat je in staat bent om eenvoudig alle externe prikkels op te merken zonder erop te reageren of erop in te gaan. Je kunt je ademhaling gebruiken als een anker voor je bewustzijn en je lichaam bewust laten ontspannen. Zo kun je snel een gemoedstoestand bereiken die zowel kalm als alert is, niet te gespannen en niet te los.

Wat is Mindfulness?

Letterlijk betekent dit dat de geest 'vol' is van wat het ervaart. Het is wanneer je je ervaring opmerkt en gewoon in het hier en nu blijft met wat er is, zonder te denken of te beschrijven wat er gebeurt. Een Theravada-leraar omschreef vijf kenmerken van mindfulness:

1. Een gecentreerd aanwezig bewustzijn
2. Het vasthouden van aandacht of het geven van aandacht, ofwel met een open receptieve blik of een meer bijeengehouden focus.
3. Een onbevooroordeeld bewustzijn, een stap terug doen in plaats van verstrikt te raken in veroordelen, de dingen zien zoals ze zijn en niet 'zoals wij zijn'.
4. Een ontvankelijke kwaliteit, open voor een volledig scala aan ervaringen zonder weerstand te bieden of te reageren, zoals een satellietschotel die informatie ontvangt.
5. Een niet-persoonlijke gewaarwording, niet inlaten met of persoonlijk nemen van wat wordt opgemerkt of wat men weet, inclusief alle pijnlijke gedachten, gevoelens en sensaties.

Om mindfulness te ontwikkelen, moet je je eerst bewust zijn van de verschillende elementen waaruit je ervaring bestaat. Dit wordt uitgebreid beschreven in een les bekend als de vier fundamenten van mindfulness, van de Satipatthana Sutta. Dit houdt in:

1. Mindfulness van het lichaam

Dit omvat mindfulness van de ademhaling: weten wanneer je een lange of een korte ademhaling ervaart, en bewustzijn van de beweging van de adem en de kalmte die het door het hele lichaam brengt. Het betekent ook: mindfulness van de lichaamspositie (weten wanneer je loopt, staat, zit of ligt), mindfulness van waar je naartoe gaat, mindfulness van hoe je beweegt, eet, drinkt en ontlast, mindfulness tijdens het praten en stil zijn, mindfulness van de onaantrekkelijke kenmerken van je lichaam, mindfulness van de elementen waaruit je lichaam bestaat en mindfulness van de dood en vergankelijkheid.

2. *Mindfulness van gevoelens*

Dit houdt in dat je weet wanneer je een plezierig gevoel ervaart, een pijnlijk gevoel of een neutraal gevoel. Dit kan ontstaan door contact met de vijf zintuigen of door contact met mentale objecten, waaronder gewaarwordingen, herinneringen, gedachten en mentale beelden. Meer subtiele gevoelens kunnen ook opkomen wanneer je geest kalm is, zoals een gevoel van gelukzaligheid of vreugde dat je lichaam doordringt.

3. *Mindfulness van gemoedstoestanden*

Dit houdt in dat je weet dat een geest met begeerte een geest met begeerte is, terwijl een geest zonder begeerte een geest zonder begeerte is. Je weet wanneer woede, onwetendheid, vernauwing, afleiding en andere gemoedstoestanden aanwezig zijn, en je weet wanneer deze gemoedstoestanden afwezig zijn. Je weet ook wanneer de geest geconcentreerd is en wanneer deze bevrijd is, en wanneer dit niet het geval is.

4. *Mindfulness van fenomenen*

Dit betekent dat je mindful bent van alle verschijnselen of inhoud van de geest. Het kan gaan over gewaarwording van zintuiglijke objecten zoals geluiden, visuele objecten, smaken, geuren en aanrakingen, maar ook mentale objecten zoals herinneringen en gedachtenstromen (conceptualisatie van de wereld door taal en concepten).

Samengevat betekent mindfulness het bewust zijn van een volledig spectrum aan ervaringen, beginnend met gewaarwording van het lichaam en zich uitbreidend tot gevoelens, gemoedstoestanden, zintuiglijke objecten en mentale objecten. Je kunt dan ontdekken dat je geest 'vol' kan voelen in plaats van gefragmenteerd, los van je lichaam of verstrikt in denken. De Satipatthana Sutta stelt ook dat je al deze objecten moet beschouwen als 'opkomend, verdwijnend en zowel opkomend als verdwijnend', evenals 'intern, extern en zowel intern als extern'. Dit kan je beoefening van mindfulness extra diepgang geven, en je helpen het uit te breiden naar de buitenwereld en je ervaring af te stemmen op de boeddhistische kijk op de werkelijkheid.

Mindfulness, de Ademhaling als Anker gebruiken.

Hoewel het mogelijk is mindfulness te beoefenen door simpelweg aandacht te geven aan wat er in je ervaring opkomt, kan het nog effectiever zijn om deze ervaring te verankeren aan bewustzijn van de ademhaling. De Boeddha onderwees daarom de Anapanasati Sutta om te laten zien hoe mindfulness van de ademhaling de vier fundamenten van mindfulness kan vervullen, en hoe dit tot bevrijding kan leiden.

Deze sutta geeft instructies voor zestien mindfulness-ademhalingen, een snelle en effectieve methode om de geest te kalmeren en tegelijkertijd een helder bewustzijn van onze ervaring te verkrijgen. Deze zestien ademhalingen verwijzen ook naar zestien concentratiestadia die achtereenvolgens worden volbracht; hier behandelen we ze echter samen.

Om met deze oefening te beginnen, zoek je een rustige plek en neem je de juiste houding aan. Houd je rug recht. Wees mindful terwijl je op natuurlijke wijze in- en uitademt en zeg tegen jezelf of wees je gewoon bewust van:

Adem lang in (ik ben) me bewust van de lange (of korte) adem,
adem uit (ik ben) me bewust van de lange (of korte) adem
Adem kort in, bewust van de korte adem,
adem uit, bewust van de korte adem
Adem in, bewust van het lichaam,
adem uit bewust van het lichaam
Adem in om het lichaam te kalmeren,
adem uit om het lichaam te kalmeren
Adem in, bewust van de gevoelens,
adem uit bewust van de gevoelens
Adem in om de gevoelens te kalmeren,
adem uit om de gevoelens te kalmeren
Adem in, bewust van vreugde,
adem uit, bewust van vreugde
Adem in, bewust van geluk,
adem uit, bewust van geluk
Adem in, bewust van de geest,
adem uit bewust van de geest
Adem in om de geest te verheugen,
adem uit om de geest te verheugen
Adem in, om de geest te concentreren,
adem uit, om de geest te concentreren
Adem in, om de geest te bevrijden,
adem uit om de geest te bevrijden
Adem in bewust van de vergankelijkheid,
adem uit bewust van de vergankelijkheid
Adem in bewust van vervagen,
adem uit bewust vervagen
Adem in bewust van bevrijding,
adem uit bewust van bevrijding
Adem in laat alles los,
adem uit laat alles los

Herhaal deze ademhalingscyclus keer op keer en merk op hoe je lichaam en geest kalm en helder worden en hoe je in het hier en nu blijft. In het begin is het nuttig om de instructies stil voor jezelf te herhalen terwijl je in- en uitademt. Contempleer elk onderwerp terwijl je dit doet, vooral vergankelijkheid. Je kunt bijvoorbeeld overwegen hoe er geen permanent zelf aanwezig is in je lichaam, gevoelens of geest, en hoe deze allemaal een 'lijdende' of oncontroleerbare aard hebben en hoe er geen 'zelf' is dat bepaalt wat er gebeurt. Uiteindelijk kun je dit loslaten en 'gewoon weten' dat je je bewust bent van al deze verschillende elementen terwijl je ademt, en kun je een meer ontvankelijke staat van bewustzijn aannemen. Als je geest dan begint af te dwalen of je interesse verliest, kun je teruggaan naar het in stilte herhalen van de instructies. Je kunt misschien een verkorte manier gebruiken met twee, vier of acht mindfulness-ademhalingen. Door op deze manier af te wisselen, kun je met wat oefening een goede concentratie behouden.

De adem als 'ankerpunt' voor mindfulness is iets waar je altijd op terug kunt komen als je moeite hebt met mediteren of in het dagelijks leven. Het is als het strand. De uitdagende situaties die zich voordoen in meditatie of in het leven zijn als golven in de oceaan. Als je weet hoe je naar het strand moet terugkeren, zul je voorkomen dat je naar zee wordt meegesleurd of door grote golven overspoeld raakt. Je kunt gemakkelijk terugkeren naar deze oefening in het dagelijks leven, omdat je de hele tijd ademt. Je leert mindfulness te associëren met de ademhaling. Tijdens pauzes in je normale activiteiten kun je een paar keer diep ademhalen. Je kunt jezelf bewust in een ontspannen, alerte gemoedstoestand brengen die je tijdens formele meditatie hebt ontwikkeld.

II. DE GEEST OP HET MEDITATIE OBJECT PLAATSEN (ALS EEN WATERVAL DIE OVER DE ROTSEN STROOMT)

Door eerst mindfulness van het huidige moment te cultiveren, zul je ontdekken hoe een alerte geest kan samengaan met een ontspannen lichaam. Om vervolgens een meer gefocuste vorm van concentratie te ontwikkelen, kun je je richten op een smaller aandachtsgebied. Als je je vanaf het begin op één enkel object zou concentreren, is de kans groot dat je je geest en lichaam verkrampt, waardoor bestaande spanningen verergeren. Dit geldt vooral in de moderne wereld waar mensen vaak veel spanning in hun lichaam hebben opgeslagen.

De meest effectieve manier om deze oefening te beginnen is volgens de Anapanasati Sutta; de adem voldoende observeren om te weten of deze lang of kort is. Je zegt dus tegen jezelf:

Adem in (ik ben) me bewust van de korte (of lange)
adem, adem uit bewust van de korte (of lange) adem.
Adem in bewust van de lange (of korte)
adem, adem uit bewust van de lange (of korte) adem.

De sleutel tot meditatie in dit stadium is het behouden van een ontspannen gemoedstoestand, en het grootste obstakel dat je tegenkomt is de neiging van je geest om de ademhaling te willen *beheersen*. Deze instructie stelt je daarom in staat om nauwlettend bewust te blijven van de natuurlijke stroom van de adem, maar tegelijkertijd weerstand te bieden aan het beheersen ervan. Het loslaten van de neiging om je adem onder controle te houden (door simpelweg op te merken wanneer deze vanzelf stopt) helpt je te ontspannen, terwijl het richten van je aandacht op de lengte van de ademhaling je alertheid verhoogt.

33

De sutta specificeert niet waar we ons op de adem moeten concentreren. Om ontspanning te bereiken is het nuttig om je bewust te zijn van de ademhaling door het hele lichaam, maar misschien vind je het natuurlijker om je te concentreren op een specifiek gebied, zoals de borst of je buik. Naarmate je je bewust wordt van het 'ademen' van het hele lichaam, wordt je perceptie van de adem subtieler. Dit staat bekend als de innerlijke wind, die soms aanvoelt als energiestromen die door het lichaam reizen. Je kunt je deze subtiele adem visualiseren zoals deze rond je lichaam circuleert, via elk lichaamsdeel één voor één, of je kunt je voorstellen dat je hele lichaam in- en uitademt, alsof er een golf van adem door je lichaam gaat. Je kunt je lichaam ook helpen ontspannen door de tong achter de ondertanden te plaatsen en de uitademing te vertragen. Als deze methoden je geest echter niet kalmeren, kan het zijn dat er spanning in een bepaald deel van je lichaam zit, misschien gekoppeld aan bepaalde pijnlijke emoties. In dit geval kan het helpen om je ademhaling specifiek op dit gebied te richten, alles wat opkomt te observeren en je ademhaling rond dit gebied uit te breiden.

Een andere techniek in dit stadium is het tellen van de ademhaling, met één tel per ademhaling. Een methode is om 'één, één, één...' te herhalen gedurende één in- en uitademing, en dan 'twee, twee, twee...' voor de duur van de volgende ademhaling, en dit te herhalen voor in totaal tien ademhalingen voordat je terugtelt van tien naar één. Een alternatieve methode is om 'één' te tellen nadat de inademing is gestopt, gevolgd door 'twee' na de uitademing, en dit opnieuw tot tien keer te herhalen. Een verdere methode, gebruikt in de Thaise traditie, is het reciteren van de mantra Buddho met de adem: Bud met de inademing en Dho met de uitademing.

Dit stadium van ademhalingsmeditatie komt ruwweg overeen met de eerste twee aandachtstoestanden in het Tibetaanse systeem, waar de focus ligt op het begrijpen van de meditatie-instructies en het bereiken van een ontspannen toestand:

1. *Fixeren van de geest*

In het begin kost het veel inspanning om de geest op het object gefixeerd te houden. Je vermogen om gefixeerd te blijven op het object is aanvankelijk vrij beperkt en er zullen slechts korte momenten zijn waarop je dit kunt realiseren. Het lijkt misschien dat je geest nog onrustiger is dan voordat je begon en je krijgt het gevoel dat je malende gedachten toenemen. Dit betekent echter waarschijnlijk dat je je voor het eerst bewust wordt van de gebruikelijke toestand van de geest. Dit is de eerste prestatie.

Deze eerste fase wordt bereikt door de kracht van het horen of luisteren naar de instructies van de leraar over de meditatiemethode en welk object te kiezen. Het wordt bereikt wanneer je de geest zelfs maar een seconde of twee op het gewenste meditatie-object kunt richten. Als je doel de adem is, kan dit bij je eerste poging worden bereikt, maar als het een complexe visualisatie is, kan dit enkele weken duren.

2. *Fixeren met continuïteit*

De perioden van afleiding zijn nog steeds langer dan de perioden van concentratie, maar de perioden waarin je gefixeerd kunt blijven op het object komen vaker voor. De geest wordt stabieler en je kunt af en toe een ononderbroken focus behouden voor ongeveer één tot vijf minuten, en je krijgt het gevoel dat malende gedachten afnemen. Dit stadium wordt bereikt door de kracht van reflecteren. Je bent in staat om de geest op het object te richten, maar je moet de instructies toch steeds met 'begrip' herhalen.

Deze eerste twee niveaus zijn bedoeld om de geest op een object te krijgen, en daarom is een strak gerichte betrokkenheid noodzakelijk. De latere stadia zijn er juist op gericht de geest daar te houden. De belangrijkste fouten die op deze twee niveaus moeten worden overwonnen, zijn luiheid, vooral het niet goed luisteren naar de instructies, en het vergeten van het meditatie-object.

In dit stadium wordt de beweging van gedachten door de geest vergeleken met een waterval die over rotsen stroomt; dit betekent niet dat de hoeveelheid van onze gedachten toeneemt, maar dat we ons er voor het eerst van bewust worden.

III. DE GEEST BIJ HET MEDITATIE-OBJECT HOUDEN (WORDEN ALS EEN RIVIER DIE DOOR EEN KLOOF STROOMT)

In de vorige fase begin je een continue focus op de ademhaling te ervaren, waarbij je je aandacht richt op het bewustzijn van de lengte ervan of het tellen van de ademhaling terwijl het lichaam steeds meer ontspant. Zodra je met deze methode enige stabiliteit hebt ontwikkeld, kun je je aandacht eenvoudigweg met de ademhaling laten meestromen en deze over de gehele lengte volgen. Je laat je geest daarom opgaan in de adem vanaf het eerste moment van de inademing tot het laatste moment. Je merkt de pauze tussen de ademhalingen op en vervolgens volg je de uit-ademing van begin tot eind. Op deze manier begin je, terwijl je lichaam al behoorlijk ontspannen is, continue mindfulness en waakzaamheid te ontwikkelen. Volgens de sutta hoor je eenvoudigweg te weten:

Inademen (ik ben me) bewust van het hele lichaam
  (van de ademhaling),
    uitademen bewust van het hele lichaam (van de ademhaling).

Deze instructie wordt meestal gebruikt om te verwijzen naar de lengte van de ademhaling, hoewel sommigen het interpreteren als: je bewust zijn van de adem die door je hele lichaam beweegt. Net als in de vorige fase concentreer je je op de ademhaling waar dit het meest natuurlijk aanvoelt. Je kunt je focus lager plaatsen als je meer moet ontspannen (bijvoorbeeld op de buik) en hoger plaatsen als je je waakzaamheid moet verbeteren (bijvoorbeeld op de punt van de neus). Tegelijkertijd moet je echter een perifeer bewustzijn van het hele lichaam behouden terwijl je ademt.

Het doel van deze fase is om zo op te gaan in de adem dat je niet wordt afgeleid door geluiden, beelden of zelfs ongemakkelijke sensaties in het lichaam. Vooral als je moe bent, kan de geest troebel worden. Op dit punt is waakzame inspanning vereist om je focus aan te scherpen en elk moment van de ademhaling duidelijk te registreren.

De bijbehorende aandachtstoestanden, die gericht zijn op het vestigen van mindfulness en vervolgens waakzaamheid, zijn als volgt:

3. Herhaaldelijk fixeren

In dit stadium word je je bewust van eventuele afleidingen van je concentratie en heb je het vermogen ontwikkeld om de geest met inspanning terug te brengen naar het meditatie-object door de kracht van mindfulness. Je bent in staat om je aandacht weer op het object te richten zodra het is afgedwaald, alsof je een pleister op een doek plakt. Op deze manier reset je je concentratie en kun je ononderbroken gefocust blijven, meestal ongeveer vijf tot tien minuten. Je begint daardoor opmerkzaam te worden en vordert in de richting van echte meditatie, omdat je aandacht voor het grootste deel van de tijd op het object is gericht in vrijwel al je meditatiesessies.

Als je in deze derde fase aankomt is dat een grote prestatie en het kan een groot verschil maken voor je vermogen om de geest in het dagelijks leven te beheersen.

4. Nabij fixeren

Je focus is in dit stadium zo sterk dat de geest de fixatie op het object nooit volledig verliest, en grove onrust is niet langer een obstakel. De geest trekt zich daarom terug van een breed scala aan dingen naar een meer beperkte focus. Je bent in staat om het object continu vast te houden, maar er is nog steeds de behoefte om toenemende niveaus van helderheid of intensiteit te ontwikkelen en ook om met subtiele onrust om te gaan, waarbij een deel van je geest afdwaalt van het concentratie-object, maar je de concentratie niet volledig verliest. Tijdens deze vierde fase wordt de kracht van mindfulness bereikt, zodat je het concentratie-object zo stabiel kunt vasthouden dat je er gemakkelijk naar terugkeert wanneer je afgeleid bent. Je moet er echter voor zorgen dat deze stabiliteit niet ten koste gaat van ontspanning. Daarom moet je misschien nog steeds technieken toepassen om de geest te ontspannen om met subtiele onrust om te gaan, zoals het houden van de tong achter de ondertanden.

5. Bedwingen

We hebben nu het vermogen ontwikkeld om grove loomheid en op-winding te overwinnen, en de waakzaamheid van de geest ontwik-kelt zich. Het obstakel dat in dit stadium moet worden overwonnen, is subtiele loomheid of wegzinken, dat ontstaat doordat de terug-trekking van de geest van externe objecten te ver is gegaan. Dit ver-eist veel discipline en inspanning om te overwinnen. Er is een aan-zienlijk gevaar dat je subtiele loomheid of wegzinken niet herkent, wat zich voordoet als een stabiele en vredige gemoedstoestand, en je moet dit obstakel verwijderen door je bewustzijn aan te scherpen met toenemende waakzaamheid. Het kan echter een uitdaging zijn om subtiele loomheid te overwinnen zonder de stabiliteit te onder-mijnen, en dit kan soms een behoorlijk delicate evenwichtsoefening zijn. In dit stadium moeten we een verheven geest genereren door inspiratie, bijvoorbeeld door ons de goede eigenschappen van sha-matha of de leer van de Boeddha te herinneren. Het kan ook helpen om het meditatie-object op te tillen en kleiner of scherper te maken, en ervoor te zorgen dat de tong nu achter de boventanden rust.

In dit stadium blijven onwillekeurige gedachten opkomen, hoe-wel ze nu, in plaats van als een waterval, stromen als een rivier die soepel door een kloof stroomt. Er is nog steeds een beetje weerstand tegen het oefenen, hoewel de resultaten van onze inspanningen meestal vrij duidelijk zijn.

IV. FIJNAFSTEMMING VAN DE GEEST (ZOALS EEN RIVIER DIE LANGZAAM DOOR EEN VALLEI STROOMT)

Wanneer je continue aandacht voor de ademhaling hebt bereikt met een hoog niveau van discipline, moet je deze kalmeren. Als je te snel naar deze stap springt, kun je ten prooi vallen aan loomheid en slaperigheid. Daarom moet je ervoor zorgen dat je de vorige fase hebt voltooid, waarin je de hele ademcyclus volgt, voordat je kunt proberen deze te kalmeren, net zoals je eerst een wild paard moet vangen voordat je het kunt temmen.

De sutta geeft daarom de instructie:

Inademen (ik ben) het lichaam(van de adem) aan het kalmeren,
uitademen, het lichaam (van de adem) kalmeren.

Hier kunnen moeilijkheden ontstaan omdat we aanzienlijke wilskracht hebben gebruikt om de vorige fase te volbrengen, terwijl nu zacht en volhardend loslaten vereist is. Dit kan een verfijnde evenwichtsoefening zijn, en het kan helpen om de adem te verlagen en meer nadruk te leggen op het ontspannen van het lichaam.

De sutta gaat dan verder:

Inademen bewust van vreugde,
*   uitademen bewust van vreugde*
Inademen bewust van geluk,
*   uitademen bewust van geluk*

Dit verwijst naar het ontstaan van vreugde en geluk (*piti* en *sukha* in Pali) als de adem kalmeert, zoals het gouden licht van de dageraad dat aan de oostelijke horizon verschijnt. Je ontwikkelt nu volledig volgehouden aandacht voor de 'mooie adem' en er blijven alleen nog sporen van discursief denken over. Wanneer je lang met gemak bij dit object kunt blijven en veel vreugde en geluk wordt ervaren, wordt de geest zeer geconcentreerd en kun je doorgaan naar de volgende stap.

De volgende fase, volgens de sutta, is:

Inademen bewust van de geest,
*   uitademen bewust van de geest*

In dit stadium is je aandacht zo verfijnd dat de adem volledig lijkt te verdwijnen en wordt vervangen door een subtieler verworven mentaal teken dat bekend staat als een nimitta. De tastzin (lichamelijke gewaarwording van de adem) wordt uitgeschakeld en je ervaart de adem nu als een puur mentaal object, bijvoorbeeld waargenomen als een wit licht, een blauwe parel of misschien een sensatie van vervoering. Dit is als de volle maan (de geest) die achter de wolken vandaan komt (de wereld van de vijf zintuigen). Dit subtiele object wordt dan de focus van je meditatie en voert je door de hogere aandachtsstadia.

Ajahn Chah vergelijkt het verschijnen van dit teken met een schuw dier, dat alleen dichtbij komt als je volledig stil bent. Op dezelfde manier, als je volledig stil bent, komen de nimitta's tevoorschijn, en alleen als je volledig stil blijft, blijven ze aanwezig. Een andere vergelijking is een donkere kamer, waarin je uiteindelijk vormen kunt zien als je ogen aan de duisternis gewend raken. Op dezelfde manier komt de nimitta geleidelijk tevoorschijn uit de vormloze stilte zodra de adem is 'verdwenen'.

De volgende twee regels van de sutta leren ons wat we moeten doen als er subtiele vormen van loomheid en opwinding ontstaan terwijl je op de nimitta gefocust bent:

Inademen om de geest te verblijden,
   uitademen om de geest te verblijden
Inademen, de geest concentreren,
   uitademen, de geest concentreren

Het kan zijn dat je ervaring van de nimitta dof of onzuiver is, misschien omdat je mentale energie laag is. Het tegengif is om meer vreugde in de meditatie te brengen en dit mentale object vollediger te ervaren. Je kunt je meer intens concentreren op het centrum van de nimitta, je aandacht aanscherpen of misschien terugkeren naar de vorige fase, gericht op de mooie ademhaling. Je kunt je vreugde ook vergroten door je de Drie Juwelen te herinneren of de voordelen van deugden zoals liefdevolle vriendelijkheid te overdenken.

Als daarentegen de verschijning van de nimitta onstabiel is, moet je ervoor zorgen dat je geest volledig stil en geconcentreerd is. Dit betekent niet alleen het beeld stil houden, maar ook de waarnemer stil houden, dat aspect van de geest dat het beeld 'ziet'. Wanneer de nimitta voor het eerst verschijnt, kun je angst of opwinding ervaren, net als wanneer je een vreemde voor het eerst ontmoet. Net zoals je leert te ontspannen in het gezelschap van deze vreemde naarmate je hem leert kennen, kun je leren om de geest een beetje los te maken en aanwezig te blijven bij de mooie nimitta.

Er zijn twee aandachtsstadia die overeenkomen met deze stadia van ademhalingsmeditatie:

6. Pacificeren

Subtiele loomheid is overwonnen tijdens de vorige fase (hoewel er nog steeds sporen van zijn) en het gevaar bestaat nu dat de geest te sterk wordt gestimuleerd. Dit leidt tot het ontstaan van subtiele opwinding die gepacificeerd moet worden. In deze fase worden mindfulness en waakzaamheid intenser, verfijnd door ononderbroken aandacht, waardoor subtiele opwinding wordt overwonnen. Je hebt misschien de gewoonte om de geest te ontspannen wanneer subtiele opwinding verschijnt; dit kan soms nodig zijn, maar in dit stadium moet je ook je waakzaamheid vergroten en de geest aanscherpen om het te overwinnen.

In de vijfde fase wordt subtiele loomheid overwonnen door de kracht van geïnspireerde waakzaamheid, en tijdens deze zesde fase ontwikkelt zich een sterker vermogen dat bekendstaat als volledige waakzaamheid. Dit stelt je in staat om subtiele opwinding te overwinnen, hoewel het niet volledig wordt geëlimineerd. De kwaliteit van aandacht wordt zo als een helder radiokanaal, zonder extern lawaai of ruis. In deze fase ervaar je geen weerstand meer tegen meditatiebeoefening en kunnen je sessies een uur of langer duren.

7. *Volkomen pacificeren*

Met inspiratie en doorzettingsvermogen wordt volledige waakzaamheid verder ontwikkeld, zodat de resterende sporen van subtiel wegzinken en opwinding worden geëlimineerd en dus volledig verdwijnen. Je bent dus in staat om subtiel wegzinken en opwinding op te geven zodra ze ontstaan, door de kracht van enthousiaste toewijding. Op deze manier wek je je aandacht zodra wegzinken begint, en als er opwinding optreedt, laat je een beetje los. Deze onbalansen in de aandacht worden zo snel herkend en kunnen gemakkelijk worden verholpen met vrij subtiele aanpassingen.

V. DE GEEST VERENIGEN (ALS EEN OCEAAN ONBEWOGEN DOOR GOLVEN)

De beoefening van aandacht voor de ademhaling is nu verschoven naar bewustzijn van een prachtig stabiel mentaal teken, of nimitta. Nu je bijna elk spoor van loomheid en opwinding hebt overwonnen, verloopt de meditatie soepel en moeiteloos. Je leert volledig op je ervaring te vertrouwen en in het object op te gaan, terwijl je probeert alle controle los te laten, aangezien de intense schoonheid van de nimitta je aandacht vasthoudt zonder dat je er moeite voor hoeft te doen. Je geniet simpelweg van de ervaring terwijl je aandacht naar het midden wordt getrokken of het licht zich uitbreidt en je omhult.

Teruggrijpend op het voorbeeld van het schuwe dier dat alleen dichtbij komt als je stil bent, merk je dat er meer dieren verschijnen als je nog stiller bent. Eerst komen alleen gewone dieren tevoorschijn, maar nu verschijnen vreemde en wonderbaarlijke dieren. Op dezelfde manier verschijnen verdere nimitta's die je naar nog diepere meditatieniveaus brengen. In het bijzonder verschijnt er in een bepaald stadium een subtieler mentaal teken dat bekendstaat als het evenbeeld-teken (patibhaga nimitta), alsof het loskomt van het verworven teken. Het is veel zuiverder, hoewel het geen kleur of vorm heeft. Het verschijnen van dit teken komt overeen met het bereiken van shamatha. De laatste stadia van de Boeddha's Anapanasati-beoefening verwijzen naar de ervaring van jhana-meditatie en inzicht, die later worden besproken.

Deze beschrijving komt overeen met de laatste twee aandachtstoestanden die direct leiden tot shamatha, de tiende fase:

8. *Eénpuntig maken*

In dit stadium ontwikkel je een bijzonder spontaan vermogen om je zo lang als je wilt eenpuntig op het object te fixeren. Aan het begin van de meditatie is een beetje inspanning vereist en dan kun je zonder onderbreking en zonder verdere inspanning met de stroom van de beoefening meegaan. Subtiel wegzinken en opwinding worden daarom met een kleine inspanning geëlimineerd door de kracht van enthousiaste toewijding. In deze achtste fase bereik je ononderbroken betrokkenheid, wat betekent dat de geest zich met continue absorptie op het concentratie-object kan richten. Dit is in tegenstelling tot de vorige fasen die allemaal worden bereikt met onderbroken betrokkenheid.

In deze fase kun je ongeveer drie uur lang een zeer gerichte aandacht vasthouden, en je geest is nog steeds als een oceaan die niet door golven wordt bewogen, slechts af en toe verstoord door een kleine rimpeling.

9. *Gelijkmatig fixeren*

In de negende fase is er een moeiteloos beginnen en volhouden van diepe meditatie. De geest plaatst zich vanzelf op het object, moeiteloos en spontaan. Dit wordt bereikt door de kracht van volledige vertrouwdheid en spontane betrokkenheid. De geest is nu perfect tot rust gebracht en het ontstaan van subtiele loomheid en opwinding is niet eens mogelijk, en je kunt je gedurende ten minste vier uur feilloos concentreren. Als je echter stopt met oefenen, kunnen loomheid en opwinding je aandachtsevenwicht nog steeds aantasten, omdat ze niet volledig zijn geëlimineerd.

Het bereiken van deze negende aandachtstoestand is het hoogtepunt in het 'rijk der begeerten', dat de mentale toestand van mensen beschrijft. Dit leidt op natuurlijke wijze tot het bereiken van shamatha.

10. *Het bereiken van Shamatha*

Wanneer shamatha daadwerkelijk wordt bereikt, is er een radicale overgang in je lichaam en geest en voel je je als een vlinder die uit zijn cocon komt. Je geest is in dit stadium voorbij het rijk van begeerte gegaan en je hebt nu toegang gekregen tot het vormrijk, een subtiele dimensie van bewustzijn die het rijk van fysieke zintuigen overstijgt.

Deze verschuiving wordt gekenmerkt door specifieke ervaringen die in korte tijd plaatsvinden. Ten eerste komt er een krachtige wind door je kruin en lost op door je hele lichaam, en je voelt je alsof je vervuld bent met de kracht van een extatische dynamische energie. Zowel je lichaam als je geest zijn nu doordrenkt met een bijzondere soort souplesse, waardoor het lichaam licht aanvoelt en bevrijd is van fysieke ongemakken, en de geest vervuld wordt met een overweldigend gevoel van vreugde. Je hebt een gevoel van volledige frisheid en verhoogde mentale capaciteit - je geest is daarom als een olielamp die niet door de wind wordt bewogen, helder en zuiver rustend, onverstoord door wat dan ook.

Als je eenmaal shamatha hebt bereikt, kun je deze staat naar believen binnengaan en zo lang mediteren als je wilt zonder onderbreking, en je kunt zelfs overleven zonder basisbehoeften zoals voedsel, drinken of slaap. Tijdens meditatie wordt je aandacht volledig teruggetrokken van de fysieke zintuigen, discursieve gedachten en mentale beelden, hoewel je jezelf kunt instrueren om na een bepaalde periode uit de meditatie te komen. Kwellende neigingen worden echter niet volledig uitgeroeid en sterke emoties kunnen onder bepaalde omstandigheden nog steeds ontstaan. Als je daarentegen in staat bent om werkelijk wereldse zorgen los te laten en bevrijding van lijden wilt bereiken, kun je shamatha gebruiken als een middel om direct inzicht te krijgen in de waarheid van vergankelijkheid, lijden en zelfloosheid. Dit kan leiden tot volledige eliminatie van alle kwellende emoties en mentale toestanden, want wanneer je beseft dat er geen 'zelf' bestaat, hebben deze gemoedstoestanden niets om zich aan vast te houden. Dit is nirvana.

VI. EEN SAMENVATTING VAN HET SHAMATHA-PAD

Traditioneel worden de negen aandachtstoestanden die leiden tot shamatha afgebeeld door een tekening van een olifant, een aap en een monnik, zoals hieronder weergegeven. Vijf symbolen vertegenwoordigen de vijf zintuiglijke objecten, de objecten van onrust voor de geest. De zwarte olifant staat voor grove loomheid, de zwarte aap staat voor grove onrust en de monnik symboliseert de mediterende persoon.

In het begin heeft de zwarte aap volledige controle over de olifant, wat betekent dat je van nature wordt beheerst door afleidingen. De monnik werkt aanvankelijk heel hard om de geest onder controle te krijgen en het vuur symboliseert de grote inspanning die daarvoor nodig is. Met aanhoudende inspanning begint de monnik geleidelijk de olifant onder controle te krijgen en zo begin je met grote discipline de onrust te overwinnen. De olifant wordt witter, wat betekent dat grove loomheid langzaam wordt uitgeroeid door de inspanning van meditatie. Op dit punt verschijnt er echter een kleine zwarte haas bovenop de olifant, wat duidt op subtiele loomheid. Door ijverig door te gaan met meditatiebeoefening, kom je bij het volgende stadium, waarin de aap de controle over de olifant heeft verloren maar nog steeds af en toe probeert te verstoren. Dit betekent dat je slechts af en toe problemen hebt met onrust en mentale loomheid.

Geleidelijk verstoort de aap steeds minder en krijgt de monnik meer controle over de olifant. De olifant wordt witter totdat hij volledig wit is. Op dit punt kan de aap de olifant helemaal niet meer beheersen. Uiteindelijk bereik je het stadium waarin je geest volledig tot rust is gebracht en je je geest volledig kunt beheersen in plaats van te worden gedreven door je emoties. Dit wordt afgebeeld door de monnik die mediteert terwijl de olifant volledig gepacificeerd is. Voorbij dit stadium zien we de monnik mediteren terwijl hij op olifant zit. We zien ook twee regenbooglijnen die uit het hart van de monnik voortkomen, die de ontwikkeling van bovennatuurlijke krachten symboliseren bij het beheersen van shamatha-meditatie. Je hebt dan het vermogen verkregen om de eenpuntige geest te richten op de ontwikkeling van inzicht, of vipassana-meditatie. Afhankelijk van het soort pad dat je volgt, kun je vervolgens door verschillende stadia van verdiepend inzicht gaan totdat je uiteindelijk verlichting bereikt.

Volgens de Theravada-traditie brengt het bereiken van shamatha met behulp van de adem als object je op de drempel van het ervaren van de jhana's, concentratietoestanden die nog briljanter en krachtiger zijn,

9 progressieve stadia van mentale ontwikkeling: de zes krachten van studie, contemplatie, geheugen, begrip, ijver en perfectie

en deze leiden direct tot inzicht. De Boeddha vatte dit pad samen door te stellen dat mindfulness van de ademhaling 'één ding was dat, wanneer ontwikkeld en gecultiveerd, vier dingen zou vervullen' - de vier fundamenten van mindfulness. Deze vier fundamenten worden beschreven als 'vier dingen die, wanneer ze worden ontwikkeld, zeven dingen zullen vervullen'. Dit zijn de zeven factoren van verlichting - mindfulness, onderzoek, onderscheidingsvermogen, energie, vreugde, kalmte, concentratie en gelijkmoedigheid. Deze zeven factoren werden beschreven als 'zeven dingen die, wanneer ontwikkeld en gecultiveerd, twee dingen zouden vervullen' - ware kennis en bevrijding.

De teksten stellen dat over het algemeen ten minste zes tot twaalf maanden voltijdse beoefening vereist zijn om shamatha te bereiken, maar dit varieert aanzienlijk tussen individuen. In de Jonang-traditie van het Tibetaans boeddhisme beoefent men in een donkere kamer met als doel shamatha te bereiken, en voor de beste mediterenden zou dit slechts honderd dagen duren. Er zijn echter meestal bepaalde voorbereidingen nodig om deel te nemen aan deze tantrische praktijk, omdat deze vrij geavanceerd is.

HOOFDSTUK 3

De Belemmeringen voor Meditatiebeoefening

Het kennen van de belemmeringen voor meditatiebeoefening is essentieel om de huidige toestand van je geest te begrijpen en te ontdekken hoe je contraproductieve emoties en mentale toestanden kunt overwinnen. De hindernissen die tijdens meditatie naar voren komen, zijn dezelfde als de hindernissen die zich in het dagelijks leven voordoen. Door te leren deze te overwinnen, ontwikkel je een zeer nuttige vaardigheid. Als je je bewust bent van de belemmeringen, kun je ook 'beginnen waar je bent' en realistischere verwachtingen hebben van je beoefening, in het besef dat het tijd kost om bepaalde levenslange gewoonten te veranderen. Op een gevorderd niveau kan het je helpen precies te bepalen welk stadium van het meditatiepad je hebt bereikt en hoe je verder kunt gaan.

In de Theravada-traditie worden vijf hindernissen beschreven: zintuiglijke begeerte, kwaadwillendheid, lusteloosheid en slaperigheid, rusteloosheid en wroeging, en onzekerheid (of twijfel). Elk van deze kan worden overwonnen met specifieke remedies, en ze verdwijnen volledig in bepaalde gevorderde stadia van meditatie. De Mahayana-traditie spreekt over vijf fouten in de meditatiebeoefening die in verschillende gradaties optreden tijdens de negen aandachtstoestanden, en deze worden overwonnen door acht bijbehorende tegengiffen toe te passen. Ik zal eerst de vijf hindernissen beschrijven en daarna de vijf fouten uitleggen, samen met hun tegengiffen. Vervolgens beschrijf ik de vijf methoden om afleidende gedachten te verwijderen volgens de Theravada-traditie.

5 belemmeringen voor meditatiebeoefening.

I. DE VIJF HINDERNISSEN

De vijf hindernissen worden geleidelijk verzwakt en uiteindelijk verwijderd naarmate je verder komt op het meditatiepad. Als je begint te mediteren en ontdekt hoe luidruchtig je geest eigenlijk is, kunnen ze je beoefening volledig domineren. Naarmate je oefening vordert, verdwijnen ze geleidelijk en ontdek je een geest die van nature kalm en helder is.

Deze vijf belemmeringen zijn:

1. *Zintuiglijke begeerte*

    Dit wordt vergeleken met een stille bosvijver vermengd met gekleurde klei. Als je de reflectie van je gezicht in deze plas water zou onderzoeken, zou je het niet herkennen of het onduidelijk zien. Door te verblijven in een geest die overweldigd wordt door zintuiglijke begeerte en niet weet hoe je aan deze gemoedstoestand kunt ontsnappen, zie je de werkelijkheid niet zoals ze is en ben je niet in staat om jezelf of anderen te helpen.

    Zintuiglijke begeerte verwijst niet alleen naar ongecontroleerde lust, maar ook naar gehechtheid aan objecten van de vijf zintuigen - aantrekkelijke beelden, geluiden, geuren, smaken en tastbare sensaties. De sleutel tot het overwinnen van deze hindernis is om deze beetje bij beetje los te laten. Eerst kun je leren aandachtig en ontvankelijk te zijn voor zintuiglijke objecten zonder erop te reageren. Geleidelijk zul je minder geneigd zijn om door deze objecten te worden afgeleid of 'weggetrokken' in de meditatie en in het dagelijks leven. Iemand met een sterke neiging tot zintuiglijke begeerte kan ook baat hebben bij meditatie op de minder aantrekkelijke aspecten van het lichaam. Het kan ook helpen om je ervan bewust te zijn dat de diepste vorm van gelukzaligheid of extase, die we vaak in zintuiglijke begeerte zoeken, alleen kan worden gevonden als we alle begeerte loslaten, zoals in diepe meditatie gebeurt.

2. Kwaadwillendheid

Dit wordt vergeleken met een stilstaande bosvijver die van onderaf wordt verhit, borrelt en kookt. Als je de reflectie van je gezicht in deze plas water zou onderzoeken, zou je het niet herkennen of onduidelijk zien. Door te verblijven in een geest die beheerst wordt door kwaadwillendheid, zie je de werkelijkheid niet zoals die is en ben je niet in staat om jezelf of anderen te helpen.

De remedie tegen kwaadwillendheid is meditatie op liefdevolle vriendelijkheid of metta. Kwaadwillendheid kan gericht zijn op jezelf, op een ander of op het meditatie-object. Kwaadwillendheid jegens jezelf houdt vaak verband met schuldgevoelens, onredelijke verwachtingen van jezelf of opgroeien in een omgeving waarin compassievolle liefde ontbrak. Het kan helpen om liefdevolle vriendelijkheid te richten op het beeld van een jong, onschuldig kind dat de zuiverheid van je ware aard vertegenwoordigt. Je kunt kwaadwillendheid jegens anderen op een vergelijkbare manier tegengaan, in het besef dat iedereen naar geluk streeft, net als jij, en door je cirkel van metta uit te breiden naar zowel diegenen die dichtbij staan als degenen die verder van je af staan. Meditatie kan een lastige opgave lijken als je kwaadwillendheid koestert jegens het object. Het kan daarom nuttig zijn om het als een dierbare vriend te zien en te leren het lief te hebben en te waarderen zoals je zou doen met je eigen kind.

3. Lusteloosheid en slaperigheid

Dit wordt vergeleken met een stille bosvijver bedekt met mos, algen en slijm. Als je de reflectie van je gezicht in deze plas water zou onderzoeken, zou je het niet herkennen of het onduidelijk zien. Door in lusteloosheid en slaperigheid te vertoeven, zie je de realiteit niet zoals ze is en ben je niet in staat om jezelf of anderen te helpen.

De sleutel tot het overwinnen van lusteloosheid is om er eerst vrede mee te sluiten en te stoppen er tegen te vechten - anders heeft de geest de neiging wild heen en weer te slingeren tussen lusteloosheid en opwinding. Als je in een ontspannen toestand bent en begint af te glijden naar lusteloosheid, is het belangrijk om je geest aan te scherpen en je alertheid te verhogen, alsof je op de rand van een afgrond loopt. Je kunt ook nadenken over de kostbare kans die je hebt om je geest te ontwikkelen met meditatiebeoefening of andere inspirerende onderwerpen. Als je je echter nog steeds moe voelt, kun je het beste gewoon rusten in plaats van de meditatie te forceren. Soms is lusteloosheid misschien niet het probleem, maar eerder kwaadwillendheid, omdat we de neiging hebben in lusteloosheid te vluchten als we niet genieten van wat we doen.

4. *Rusteloosheid en wroeging*

Dit wordt vergeleken met een stille bosvijver die door de wind wordt verstoord, kabbelt, wervelt en kleine golven maakt. Als je de reflectie van je gezicht in deze plas water zou onderzoeken, zou je het niet herkennen of onduidelijk zien. Door te verblijven in een geest die beheerst wordt door rusteloosheid en wroeging, zie je de werkelijkheid niet zoals ze is en ben je niet in staat om jezelf of anderen te helpen.

Rusteloosheid wordt overwonnen door een innerlijk gevoel van tevredenheid te cultiveren, vrij van verwachtingen en blij om rustig en stil te zijn. Het kan ook helpen om de meditatie wat losser te maken en ervoor te zorgen dat het lichaam ontspannen is. Wroeging is gerelateerd aan een ongemakkelijk geweten, en als dit het geval is, kan het worden tegengegaan door jezelf te vergeven en te leren van je fouten, in het besef dat iedereen fouten maakt. Meer remedies voor een onrustige gemoedstoestand worden later beschreven.

5. *Onzekerheid of twijfel*

Deze belemmering ontstaat wanneer je geplaagd wordt door besluiteloosheid, niet in staat bent om een koers te bepalen en deze te volgen. Het verwijst naar onzekerheid over de leer van de Boeddha, de leraar of jezelf. Het wordt vergeleken met een stille bosvijver die troebel, onrustig en modderig is. Als je de reflectie van je gezicht in deze plas water zou onderzoeken, zou je het niet herkennen of onduidelijk zien. Door te verblijven in een geest die overweldigd is door onzekerheid, zie je de realiteit niet zoals die is en ben je niet in staat om jezelf of anderen te helpen.

Onzekerheid over de leringen van de Boeddha kan worden overwonnen door ze te onderzoeken en na te denken over de voordelen van het volgen ervan. Door ze te bestuderen en in praktijk te brengen, en door bemoediging te zoeken bij spirituele vrienden, kun je helderheid van geest en vertrouwen ontwikkelen, gebaseerd op rede en directe ervaring. Onzekerheid over de leraar wordt overwonnen door hem of haar zorgvuldig te onderzoeken voordat je tot de conclusie komt dat hij of zij betrouwbaar is. Twijfel aan jezelf kan worden overwonnen met vastberadenheid en kundige begeleiding. Je moet je er echter van bewust zijn dat dit vaak samengaat met andere belemmeringen zoals lusteloosheid of kwaadwillendheid jegens jezelf.

Wat als je door oefening in staat bent om deze belemmeringen te overwinnen? Dit wordt vergeleken met een stille bosvijver die niet vermengd is met gekleurde klei, niet borrelt en kookt, niet bedekt is met mos en slijm, niet wordt beroerd door de wind en niet troebel en modderig is, maar helder, sereen en stil. Als je dan de reflectie van je gezicht in deze plas water zou onderzoeken, zou je het duidelijk herkennen en zien zoals het is. Zo ook, wanneer je een gemoedstoestand bereikt die niet langer beheerst wordt door zintuiglijke begeerte, kwaadwillendheid, lusteloosheid en slaperigheid, rusteloosheid en wroeging of onzekerheid, zul je de werkelijkheid zien zoals ze is en zowel jezelf als anderen ten goede komen.

II. DE VIJF FOUTEN EN DE ACHT TEGENGIFFEN

De vijf fouten en acht tegengiffen bieden ons een effectief kader om de hindernissen te herkennen en te overwinnen die ons vermogen om te mediteren in de weg staan. Ze beschrijven de verschillende obstakels voor succesvolle meditatie die naar voren komen naarmate je vordert door de negen aandachtstoestanden die naar shamatha leiden. Kennis van deze fouten en hun tegengiffen kan je helpen om er zo snel en effectief mogelijk mee om te gaan, niet alleen tijdens meditatie maar ook in het dagelijks leven.

De vijf fouten zijn: luiheid, het niet kennen of vergeten van de instructies, mentale lusteloosheid en agitatie, te weinig toepassen van remedies en te veel toepassen van remedies. De acht tegengiffen zijn: aspiratie, vertrouwen, ijver, mentale souplesse, bewustzijn, mindfulness, toepassing van remedies en gelijkmoedigheid. De vijf fouten, samen met hun bijbehorende tegengiffen, worden hieronder beschreven:

1. Luiheid (tegengif: aspiratie, vertrouwen, ijver en mentale souplesse)

Luiheid is een groot obstakel voor je meditatiebeoefening en ook voor het bereiken van andere doelen. Luiheid verwijst niet alleen naar rondhangen en niets doen. Er zijn drie soorten luiheid:

1.1 Zelfgenoegzaamheid

Dit manifesteert zich als niet willen mediteren of niet willen oefenen, een gebrek aan passie of desinteresse hebben in mediteren.

1.2 Gebrek aan zelfvertrouwen

Dit verwijst naar een gebrek aan zelfvertrouwen in je vermogen om te mediteren en shamatha of andere prestaties te bereiken.

1.3 Gewoonte om af te leiden door bezig te zijn

Dit betekent dat je jezelf bezighoudt met veel onnodige taken, ook wel actieve luiheid genoemd.

Het is belangrijk om je bewust te zijn van deze neigingen. Luiheid kan worden overwonnen door vertrouwen te ontwikkelen in de uitstekende eigenschappen van meditatieve concentratie en het verlangen om deze eigenschappen te bereiken. Alleen dan zullen we meditatiebeoefening voldoende waarderen om er een prioriteit in ons leven van te maken. Dit vertrouwen en deze aspiratie inspireren ons om ijver en vreugdevolle inspanning te ontwikkelen, die uiteindelijk gelukzalige souplesse en alert gemak in de geest brengen. Door de kracht van vertrouwdheid bereik je zowel mentale als fysieke souplesse, een unieke flexibiliteit van lichaam en geest.

Als je ontmoedigd raakt omdat je niet het gevoel hebt dat je vooruitgang boekt, kan het nuttig zijn om de ongelooflijke inspanning te erkennen die we in andere gebieden van ons leven steken, zoals het opvoeden van kinderen of het leren van een vak. Deze vereisen vaak vele jaren om zich meester van te maken. Als we werkelijk de voordelen van meditatie overwegen, kunnen we tot de conclusie komen dat het de moeite waard is om een vergelijkbare hoeveelheid inspanning te besteden aan de ontwikkeling van onze eigen geest.

2. De instructies niet kennen of vergeten (tegengif: mindfulness)

Dit betekent dat je je meditatie-object of andere instructies niet hebt verinnerlijkt of bent vergeten, waardoor de geest vaak afdwaalt naar andere objecten. Het te vaak veranderen van meditatie-object, vooral binnen een enkele sessie, is ook een obstakel voor het bereiken van eenpuntige concentratie. De remedie hiervoor is mindfulness, die je in staat stelt het meditatie-object vast te houden en te voorkomen dat je de instructies vergeet. Mindfulness verwijst zowel naar het onthouden van de meditatie-instructies als naar het betrekken van de geest zodat deze 'vol' wordt van het object.

Op hetzelfde moment dat je mindful bent, kun je ook beginnen waakzaamheid te ontwikkelen. Dit betekent het observeren van de mediterende geest zelf en het opmerken wanneer de geest van het object is afgedwaald, zelfs op een subtiele manier, zodat je de juiste remedie kunt toepassen. Het is als een niet-deelnemende commentator die rapporteert over wat er gebeurt, maar niet actief meedoet.

3. Mentale loomheid en agitatie (tegengif: waakzaamheid)

3.1 Grove Agitatie:

Tijdens de beginstadia van meditatie is de geest onrustig en dwaalt hij vaak af naar externe objecten. Deze agitatie treedt op wanneer je concentratie te strak wordt vastgehouden of als er veel spanning in je lichaam is dat niet voldoende ontspannen is. Aangezien de afgeleide geest volledig van zijn aandachtspunt afdwaalt, is dit meestal vrij gemakkelijk te herkennen. In het begin kan het echter minuten duren voordat de ongetrainde geest daadwerkelijk opmerkt dat het object verloren is gegaan. Grove agitatie wordt vergeleken met de beweging van een wolk, die gemakkelijk te herkennen is wanneer deze voorbijtrekt. Het toepassen van de remedie is in dit stadium over het algemeen niet zo moeilijk.

Remedie

Er zijn verschillende remedies voor verschillende personen. Je kunt het object lager plaatsen, het als zwaarder voorstellen, je tong tegen je ondertanden leggen, je ogen even sluiten of je concentreren op lichamelijke gewaarwordingen en het hele lichaam laten ontspannen. Als de geest te geprikkeld is en tot rust moet komen, kan het ook helpen om te mediteren over een ontnuchterend onderwerp zoals de lijdende aard van het cyclische bestaan of de naderende dood. Een andere techniek om de geest te bedwingen is om een zwarte stip bij je zitplaats te visualiseren. Als je erg rusteloos bent, zal lichaamsbeweging je vermoeien en ervoor zorgen dat de geest minder afdwaalt, net als een zwaar, vet dieet. In het begin zijn dwalende gedachten heel moeilijk te detecteren, maar met tijd en oefening wordt deze bewustwording natuurlijker.

3.2 Grove loomheid

Dit doet zich voor wanneer de geest troebel of slaperig is en er geen helderheid is, omdat de geest overmatig naar binnen is gekeerd en op het punt staat in slaap te vallen. Helderheid verwijst hier naar een heldere, frisse en levendige gemoedstoestand en niet naar het object van meditatie.

Remedie

Je kunt het meditatie-object helderder maken of verheffen door je ogen iets op te tillen of meer aandacht te besteden aan de details, alsof je van de rand van een afgrond zou vallen als je het object zou verliezen. Je kunt de geest ook verheffen door iets positiefs of inspirerends in gedachten te nemen, zoals de kwaliteiten van de Drie Juwelen, of door naar een verhoogde plek te gaan met een weids uitzicht. Een andere techniek om de geest op te fleuren is door een wit licht te visualiseren op je voorhoofd tussen je ogen. Op een koele en frisse plek verblijven zal ook de geest opfrissen, net als het besprenkelen van je gezicht met water, buiten bewegen en een licht dieet volgen.

Je moet echter goed opletten om vermoeidheid door luiheid of overmatig slapen te onderscheiden van vermoeidheid omdat je werkelijk rust nodig hebt. Het is ook goed om je ervan bewust te zijn dat kwaadwillendheid zich soms uit als vermoeidheid. Als je echt rust nodig hebt, zul je ondanks het toepassen van bovenstaande remedies vermoeid blijven. In dit geval is het belangrijk om te rusten, omdat te hard doorduwen contraproductief kan zijn.

3.3 Subtiele agitatie

Dit is moeilijker te herkennen en gebeurt wanneer een deel van de geest comfortabel rust op het meditatie-object terwijl een ander deel is afgedwaald naar een ander object zonder dat je het merkt. Dit wordt vergeleken met een snel bewegende aap, die veel moeilijker te detecteren is.

Remedie

Om subtiele agitatie te verhelpen, moet je een bijzonder sterke en krachtige waakzaamheid ontwikkelen. Dit kan niet via intellectuele middelen worden verkregen, maar alleen via je eigen ervaring en beoefening. Door het momentum dat je krijgt door herhaalde oefening, zal je geest uiteindelijk in staat zijn om subtiele agitatie te herkennen zodra deze zich voordoet en snel terug te keren naar het object.

3.4 Subtiele loomheid (zinken)

De fout van subtiele lusteloosheid, of zinken, wordt meestal niet herkend door beginners omdat ze over het algemeen te onrustig zijn. Het wordt alleen herkend wanneer een mediteerder meer gevorderd is en het vermogen heeft om zich met enige mate van stabiliteit op het object te concentreren, meestal tijdens de vijfde aandachtstoestand. Subtiele lusteloosheid treedt op wanneer er fixatie is en enige helderheid maar geen intensiteit - dit betekent dat er weinig vitaliteit of kracht is waarmee het object wordt vastgehouden. Dit is veel moeilijker te detecteren en te elimineren. Veel mediteerders komen hier vast te zitten, omdat ze het gevoel hebben dat hun meditatie heel goed gaat. Dit is een veelvoorkomende valkuil.

Remedie

De remedie voor subtiel zinken is het ontwikkelen van een bijzonder sterke, krachtige en levendige intensiteit, die alleen kan worden ontwikkeld met buitengewone discipline. Dit is niet iets dat intellectueel kan worden beschreven, maar alleen kan worden ervaren door ervaren beoefenaars.

Het kan ook helpen om de geest op te frissen door na te denken over een onderwerp dat je inspireert, zoals dankbaarheid jegens je dharmaleraar, de voordelen van een kostbare menselijke geboorte of het streven naar verlichting. Deze gedachten verheffen en inspireren de geest.

4. *Te weinig toepassen (tegengif: toepassing van remedies)*

Dit betekent dat er niet genoeg actie wordt ondernomen om lusteloosheid, agitatie of luiheid te corrigeren wanneer ze zich voordoen. Je past de remedie niet toe, vaak omdat je te lusteloos of zelfgenoegzaam bent. De remedie hier is om actie te ondernemen en het relevante tegengif toe te passen. Soms kan het helpen om de meditatie te onderbreken door een tijdje rond te lopen, het lichaam te strekken, je gezicht met koud water te besprenkelen of een frisse neus te halen. Wanneer je terugkeert naar je zitplaats, vind je het misschien gemakkelijker om je meditatie te hervatten. Het kan ook helpen om je de vele voordelen van meditatiebeoefening te herinneren.

5. *Te veel toepassen (tegengif: gelijkmoedigheid)*

Dit is de fout om remedies toe te passen wanneer ze niet nodig zijn, of ze overmatig toe te passen. Een voorbeeld is wanneer zinken en agitatie zijn herkend en gecorrigeerd, maar je toch doorgaat met het toepassen van meer corrigerende maatregelen. Het tegengif voor dit probleem is het beoefenen van 'gelijkmoedigheid'. Met andere woorden, laat het met rust.

Als je deze vijf fouten en acht tegengiffen leert herkennen, zal je meditatie niet langer een 'lukrake' aangelegenheid zijn, maar een dynamisch proces waar je zeker van zult profiteren. Om jezelf te trainen deze fouten te herkennen en de tegengiffen toe te passen, kan het in het begin nuttig zijn om bewust af te wisselen tussen het loslaten en het aanscherpen van de geest. Je kunt bijvoorbeeld een paar keer diep ademhalen, 'ontspan' zeggen bij de uitademing, je houding losser maken, de tong onder de ondertanden plaatsen of een zwarte stip op je stuitje visualiseren, gevolgd door verschillende ademhalingen waarbij je 'alert' zegt bij het uitademen, je houding aanspant, de tong achter de boventanden plaatst of een witte stip op je voorhoofd visualiseert. Naarmate je vordert, zullen je aanpassingen minder frequent en steeds subtieler worden. Je zult snel lusteloosheid en agitatie leren herkennen en geleidelijk de vaardigheden van mindfulness en waakzaamheid ontwikkelen.

III. VIJF MANIEREN OM AFLEIDENDE GEDACHTEN TE VERWIJDEREN

De Theravada-traditie beschrijft vijf manieren om afleidende gedachten te verwijderen, die aanvullende remedies zijn voor de belemmeringen bij meditatiebeoefening. Dit zijn zeer praktische instructies die je kunnen helpen om opdringerige gedachten te overwinnen en de geest tot rust te brengen. Ze zijn niet alleen relevant voor je meditatiebeoefening, maar ook voor het dagelijks leven. De latere remedies zijn over het algemeen effectief als eerdere remedies hebben gefaald. Interessant is dat deze technieken ook veel van de methoden omvatten die in de moderne psychologie worden gebruikt.

Deze vijf instructies zijn:

1. *Aandacht besteden aan gezonde gemoedstoestanden*

Als er onheilzame gedachten opkomen die verband houden met begeerte, haat en verwarring, en je richt je aandacht op andere gedachten die heilzaam zijn, dan verdwijnen de onheilzame gedachten geleidelijk en worden ze uiteindelijk opgegeven. De geest wordt gestabiliseerd, verenigd en geconcentreerd. Dit wordt vergeleken met een bekwame timmerman die een grove pen eruit slaat met behulp van een fijne pen.

Twee tegengestelde mentale processen kunnen niet tegelijkertijd plaatsvinden, net zoals vuur en water niet tegelijkertijd op dezelfde plek kunnen bestaan. Je kunt bijvoorbeeld niet tegelijkertijd liefde en haat voelen. Daarom zal het richten van je aandacht op liefdevolle vriendelijkheid je helpen om haat te overwinnen.

2. *Nadenken over de gevaren van afleidende gedachten*

Als er nog steeds onheilzame gedachten opkomen, moet je de gevaren of nadelen van dergelijke gedachten onderzoeken, en denken: 'Ze zijn onheilzaam, laakbaar en leiden alleen maar tot lijden voor mezelf en anderen.' Door dit te doen verdwijnen de onheilzame gedachten geleidelijk en worden ze uiteindelijk opgegeven. Dit wordt vergeleken met een vrouw die dol is op sieraden en die walgt, geschokt en vernederd zou zijn als ze het karkas van een slang of hond om iemands nek ziet hangen.

De Boeddha gebruikte veel voorbeelden om te wijzen op de gevaren van het vasthouden aan gedachten en gevoelens. Hij vergeleek deze eens met gras of riet langs de kant van een rivier - hoewel je misschien denkt dat je ze kunt vasthouden en aan land kunt klimmen, breken ze af en word je verder de rivier afgevoerd. In het Westen daagt de traditie van cognitieve therapie ons uit om na te denken over de gevaren van een bepaalde manier van denken en te analyseren hoe we de dingen realistischer kunnen bekijken.

3. *Geen aandacht schenken aan afleidende gedachten*

Als er nog steeds onheilzame gedachten opkomen, moet je proberen deze gedachten te vergeten en er geen aandacht aan te schenken. Hierdoor zullen ze verzwakken en uiteindelijk verdwijnen. Dit wordt vergeleken met iemand met goede ogen die geen vormen wil zien die binnen het gezichtsveld komen en daarom de ogen sluit of wegkijkt.

Dit betekent dat we onszelf kunnen trainen om niet verstrikt te raken in of te vereenzelvigen met pijnlijke gedachten en gevoelens. Dit betekent niet dat je ze vermijdt; ze zijn er nog steeds in de periferie van je bewustzijn, maar je weigert erin te geloven of ze je leven te laten beïnvloeden. In het Westen kent de traditie van Acceptance and Commitment Therapy (ACT) een verscheidenheid aan 'defusietechnieken' om de impact van afleidende gedachten te verminderen.

4. *De gedachtevorming tot rust brengen*

Als er nog steeds onheilzame gedachten opkomen, moet je aandacht besteden aan het stilleggen van de gedachtevorming van die gedachten. Door dit te doen verdwijnen de onheilzame gedachten geleidelijk en worden ze uiteindelijk opgegeven. Dit wordt vergeleken met een man die snel loopt en denkt: 'Waarom loop ik snel? Wat als ik langzaam loop?' en besluit langzaam te lopen. Dan denkt hij misschien: 'Waarom loop ik langzaam? Wat als ik sta?' en hij gaat staan. Vervolgens overweegt hij: 'Waarom sta ik? Wat als ik zit?' en hij gaat zitten. Ten slotte denkt hij: 'Waarom zit ik? Wat als ik ga liggen?' en hij gaat liggen. Op deze manier laat hij geleidelijk grovere houdingen los ten gunste van subtielere houdingen. Zo ook, door aandacht te besteden aan het tot rust brengen van de gedachtevorming, verdwijnen onheilzame gedachten geleidelijk en worden ze uiteindelijk opgegeven.

In het Westen zijn er veel technieken die gebaseerd zijn op mindfulness en ontspannen gewaarwording, die mensen helpen een kalmere geest te ontwikkelen die minder beïnvloed wordt door afleidende gedachten.

5. De geest verbrijzelen met de geest

Als er nog steeds onheilzame gedachten en emoties opkomen, is de laatste stap om de geest te bedwingen en te 'beheersen' met de geest, met op elkaar geklemde tanden en de tong tegen het gehemelte gedrukt. Dit wordt vergeleken met een sterke man die een zwakkere man bij het hoofd en de schouders grijpt en hem bedwingt, beheerst en onder controle brengt. Op deze manier verdwijnen onheilzame gedachten geleidelijk en worden ze uiteindelijk opgegeven.

Deze techniek doet denken aan de tantrische benadering van het werken met sterke emoties. Net zoals een ervaren arts in staat is gif om te zetten in medicijn, zo kunnen we ook leren om eenvoudig de rauwe energie van emoties te herkennen zonder er een verhaal aan te koppelen, zonder ze te onderdrukken of er impulsief op te reageren. In plaats van je bijvoorbeeld door woede te laten meeslepen naar schaamte of gewelddadige actie, herken je de intense helderheid en diepe betrokkenheid in de kern ervan. Je kunt bij dit gevoel blijven totdat het oplost, net als een surfer die op een golf balanceert. In het Westen zijn er vergelijkbare technieken om sterke emoties te accepteren of 'los te laten', in plaats van ze te vermijden of ze te sterk te laten worden.

Deze vijf methoden om afleidende gedachten te verwijderen bieden een verfrissend perspectief op hoe je de hindernissen voor meditatiebeoefening kunt overwinnen, en ook hoe je emotionele conflicten in het dagelijks leven kunt hanteren. Vertrouwd raken met deze technieken kan je meditatiebeoefening aanzienlijk verbeteren, vooral wanneer sterke emoties naar boven komen.

HOOFDSTUK 4

Analytische Meditatie

I. WAT IS ANALYTISCHE MEDITATIE?

Terwijl shamatha de nadruk legt op het kalmeren, verenigen en concentreren van de geest, is het doel van analytische meditatie, of vipassana, om de geest wakker te maken door de aard van onze ervaring te
onderzoeken. Dit proces stelt je in staat om - gebaseerd op een kalme
geest - de vele verschillende concepten uit de boeddhistische filosofie te
verenigen en te begrijpen. Door middel van grondig onderzoek en het
verkrijgen van een conceptueel begrip van deze onderwerpen wordt een
basis gelegd voor het bereiken van niet-conceptueel of direct inzicht. Je
kunt dan rechtstreeks de Vier Edele Waarheden en de Vier Zegels waar-
nemen. Vergankelijkheid, lijden en zelfloosheid zijn dan onderdeel van
je eigen ervaring.

Er zijn veel verschillende niveaus van inzicht en elk niveau kan nuttig zijn om een meer realistische en meelevende kijk op de werkelijkheid
te krijgen. Alleen het hoogste niveau zal echter leiden tot de volledige
uitroeiing van onze kwellende emoties en mentale toestanden. Om dit
te bereiken moet je een uiterst verfijnd niveau van concentratie hebben
bereikt - tenminste shamatha. Hoewel tijdelijke concentratie je korte
glimpen of 'flitservaringen' van direct inzicht kan geven, vooral als je
een toegewijd pad volgt, zal dit niet genoeg zijn om de kwellingen te
overwinnen, tenzij het gepaard gaat met een sterke en stabiele geest.

Deze bewering wordt ondersteund door de grote Mahayana-meester Shantideva:

Als je je realiseert dat iemand die goed is voorzien
van vipassana door middel van shamatha,
de mentale aandoeningen uitroeit,
zoek dan eerst shamatha.

Asanga stelt dat zodra shamatha is bereikt, men zijn aandacht eenpuntig naar binnen moet richten op de geest. De Theravada-traditie is het ermee eens dat de minimale vereiste voor echt inzicht (ook bekend als stroomtoetreding of Sotāpanna) de geest van shamatha is, omdat deze geest tijdelijk vrij is van belemmeringen. Dieper inzicht kan echter worden bereikt met de nog verfijndere concentratietoestanden van de jhana's.

Dit betekent echter niet dat je analytische meditatie moet 'uitstellen' tot nadat je shamatha hebt bereikt. Ten eerste is het van cruciaal belang om een goed conceptueel begrip te ontwikkelen van de boeddhistische kernprincipes ('juiste visie') zoals de Vier Edele Waarheden, de twee waarheden en 'grond', 'pad' en 'resultaat' voordat je het pad betreedt. Dit geeft je een duidelijke kaart om te weten hoe je op je bestemming kunt komen. Ten tweede is het nuttig om voortdurend te reflecteren op je motivatie voor het beoefenen van het pad ('juiste intentie') en deze te versterken, waarbij je nadenkt over onderwerpen als vergankelijkheid en liefdevolle vriendelijkheid. Deze intentie bepaalt het resultaat van je beoefening. Ten derde kan een basiskennis van boeddhistische wijsheid van groot praktisch nut zijn in je dagelijkse leven. Het kan je helpen minder reactief en wijzer te worden en dichter bij anderen te staan.

Het analytische meditatieproces - op welk niveau je je ook begeeft - omvat wat bekend staat als de drie wijsheidsinstrumenten. Eerst hoor of lees je een bepaalde lering, dan bestudeer en overdenk je het, en ten derde rust je in de overtuiging van de betekenis ervan met eenpuntige concentratie, waardoor het 'onderdeel van jezelf' wordt. Deze laatste stap is wat we eigenlijk bedoelen met meditatie, aangezien je er al over hebt geleerd en de betekenis ervan hebt overwogen, en nu mediteer je om het stabiel in je geest te maken. Zo volg je een geleidelijk proces: eerst wijsheid ontwikkelen door te luisteren, gevolgd door wijsheid door contemplatie, wat uiteindelijk leidt tot wijsheid door meditatie.

Eerst zal ik een effectieve methode beschrijven voor het analyseren van elk onderwerp naar keuze, en daarna zal ik onderzoeken hoe we analytische meditatie kunnen gebruiken om een verscheidenheid aan onderwerpen - die in dit boek worden gepresenteerd - te begrijpen, waarbij zowel relatieve als ultieme waarheid aan bod komt.

II. HET PROCES VAN ANALYTISCHE MEDITATIE

Om een bepaald onderwerp om te zetten in een meditatie-object, moet je het eerst formuleren als een vraag (bijvoorbeeld: 'Bestaat "het zelf" in mijn lichaam?') en dan de geest sturen om te onderzoeken hoe deze vraag, in het licht van alle lessen die je hebt bestudeerd, op jezelf van toepassing is. Je moet hiermee doorgaan totdat er een gevoel van zekerheid en duidelijkheid ontstaat (bijvoorbeeld het inzicht dat je geest de gewoonte heeft om zich bij bepaalde gelegenheden met het lichaam te identificeren, maar dat er helemaal geen 'zelf' in zit). Dan kun je de analyse loslaten en, zolang het duurt, in dit gevoel van zekerheid rusten, terwijl je in een meer ontvankelijke gemoedstoestand verblijft.

Discursieve gedachten zullen onvermijdelijk opkomen en je kunt dit gebruiken als signaal om opnieuw te beginnen met analyseren, over hetzelfde of een ander onderwerp, waarbij je je gedachten op een gecontroleerde manier gebruikt. Wanneer je weer een gevoel van zekerheid en overtuiging ervaart, rust je weer, zoals voorheen. Op deze manier kun je afwisselen tussen analyse en rustmeditatie, waarbij je geleidelijk je begrip verdiept en verfijnt, zodat je voorbereid bent om de niet-conceptuele realiteit van leegte te ervaren.

Jamgon Kongtrul geeft in zijn Treasury of Knowledge enkele nuttige richtlijnen over hoe te wisselen tussen analytische en rustmeditatie:

> *Als door intensieve analyse het vermogen om te*
>   *rusten verslechtert,*
>   *Doe meer rustmeditatie en vul de stilte aan.*
> *Als je door langdurig rusten niet meer wilt analyseren,*
>   *Doe analytische meditatie om de helderheid van de geest te*
>   *versterken.*

Als je merkt dat de geest geagiteerd raakt door analytische meditatie te beoefenen, moet je hem weer tot rust laten komen door het lichaam te ontspannen en een tijdje eenpuntsmeditatie te beoefenen. Als je rustmeditatie tot loomheid leidt, kun je je mentale helderheid vergroten door je analyse te hervatten. Wanneer je gewend raakt aan het proces van afwisseling tussen analyse en rust, bereik je uiteindelijk een stadium waarin niet zoveel analyse nodig is om zekerheid te geven. Het is dus belangrijk dat je de nadruk legt op analyse wanneer je met de oefening begint en later - als je meer ervaren bent - snel in rustmeditatie kunt overgaan.

III. ANALYTISCHE MEDITATIE EN DE TWEE WAARHEDEN

Met behulp van analytische meditatie kun je nadenken over elk onderwerp waar je de geest maar op wilt richten. Het boeddhistische pad is zo gestructureerd dat het ons aanmoedigt om de relatieve waarheid en de ultieme waarheid als even belangrijk te beschouwen, en daarom moet je over beide nadenken, zonder het één te verwaarlozen ten koste van het andere. De 'relatieve waarheid' heeft te maken met de manier waarop we de alledaagse werkelijkheid zien, terwijl de 'ultieme waarheid' de ware aard van deze ervaring is. Dit zijn als twee vleugels van een vogel, en de ene kan niet volledig ontwikkeld worden zonder de andere. In het begin

Jamgon Kongtrul

moet je de nadruk leggen op contemplatie op het niveau van de relatieve waarheid, omdat dit het meest relevant is voor je eigen ervaring, terwijl je later de ultieme waarheid meer kunt benadrukken. Verlichting is dus wanneer je ontdekt dat er in werkelijkheid geen scheiding is tussen relatieve en ultieme waarheid.

1. Relatieve waarheid

Het verkrijgen van inzicht op het niveau van relatieve waarheid is cruciaal als je verlichting wilt bereiken, aangezien dit je motivatie bepaalt en ook hoe je handelt in de wereld. Je kunt bijvoorbeeld geen verzaking bereiken zonder diep na te denken over onderwerpen als vergankelijkheid, lijden, karma, de kostbaarheid van het menselijk leven en de voordelen van bevrijding en toevlucht nemen. Als je streeft naar volledige verlichting, is het essentieel om bodhicitta te contempleren en te ontwikkelen, de mededogende wens om alle wezens naar bevrijding te leiden, wetende dat je deze wens alleen kunt vervullen door je eigen Boeddha-natuur te onthullen. Volg je een tantrisch pad, dan is het cruciaal om het allerhoogste belang van de Dharma-leraar te begrijpen en de betekenis van toewijding en zuivere waarneming te overwegen, wat een essentiële voorbereiding is voor alle tantrische beoefening.

Een zeer nuttige contemplatie voor iedereen gaat over liefdevolle vriendelijkheid of metta. Met deze contemplatie kun je de overtuiging krijgen dat alle wezens evenveel liefde en compassie waard zijn, net als jijzelf. Een voorbeeld van een dergelijke contemplatie staat in de Metta Sutta:

> *Mogen alle wezens gelukkig en op hun gemak zijn; moge hun geest tevreden zijn. Welke levende wezens er ook zijn - zwak of sterk, lang (of hoog), dik of middelgroot, kort, klein of groot, gezien en ongezien, degenen die ver of dichtbij wonen, degenen die zijn geboren en degenen die nog moeten worden geboren - Mogen*

alle wezens, zonder uitzondering, gelukkig en op hun gemak zijn! Laat de een de ander niet bedriegen, en wie dan ook, waar dan ook, niet verachten. In boosheid of kwaadwilligheid, laat niemand een ander kwaad toewensen. Net zoals een moeder haar enige kind zou beschermen, zelfs met gevaar voor eigen leven, laat men zo een grenzeloos hart ontwikkelen voor alle wezens. Laat iemands gedachten van grenzeloze liefde de hele wereld doordringen - boven, onder en rondom - zonder enige belemmering, zonder enige haat, zonder enige vijandschap.

Een soortgelijke contemplatie gebaseerd op de Tibetaanse traditie is als volgt:

Begin met te erkennen dat alle wezens, net als jij, op zoek zijn naar geluk en de oorzaken ervan. Denk aan iemand die dicht bij je staat, een neutraal persoon en iemand die je misschien als een vijand beschouwt, en bedenk hoe ze allemaal evenzeer op zoek zijn naar geluk en lijden willen vermijden. Concentreer je dan op de persoon die je dierbaar is, denk aan hun vriendelijkheid voor jou en denk: ik wou dat ze gelukkig konden zijn... als ze maar gelukkig konden zijn! Denk dan aan de neutrale persoon: ik wou dat ze gelukkig konden zijn... als ze maar gelukkig konden zijn! Denk dan aan je vijand of iemand tegen wie je misschien een wrok koestert: ik wou dat ze gelukkig konden zijn... als ze maar gelukkig konden zijn! Misschien wil je ook denken aan een jong kind dat jezelf symboliseert - onschuldig, puur en alle mededogende liefde van de wereld waardig: ik wou dat ze gelukkig konden zijn... als ze maar gelukkig konden zijn!
Je kunt dan anderen in je contemplatie opnemen op dezelfde manier als je gegevens zou toevoegen aan een spreadsheet. Je kunt je liefdevolle vriendelijkheid uitbreiden naar je familie, je buren, je directe omgeving, je land en uiteindelijk naar de hele wereld, wa-

arbij je alle levende wezens omarmt zonder uitzondering. Mis-
schien wil je dit ook combineren met een visualisatie van rood
of roze licht dat uit een roos in het centrum van je hart komt en
je hele lichaam vult. Je kunt dit licht dan naar buiten uitbreiden
om je omgeving te omarmen en alle levende wezens aan te raken
met het licht en de warmte van liefdevolle vriendelijkheid.

2. Ultieme waarheid

Diepgaande analyse van de ultieme waarheid is het tweede essenti-
ele aspect van het boeddhistische pad, omdat een correct conceptueel begrip van leegte of zelfloosheid ervoor zal zorgen dat je nooit
van het juiste pad afdwaalt. Naarmate je verder komt op het pad,
begint je ervaring overeen te komen met dit begrip, en uiteindelijk
kun je je 'conceptuele begrip' loslaten op dezelfde manier als we een
vlot aan de oever van de rivier achterlaten zodra we de andere kant
hebben bereikt.

Vanuit het gezichtspunt van Theravada zijn er verschillende benaderingen of 'deuren' om de ultieme waarheid te begrijpen ('juiste
visie'), maar de essentie van alle benaderingen zijn de Drie Kenmerken van het Bestaan: vergankelijkheid (anicca), lijden of onbe-
vredigdheid (dukkha) en zelfloosheid (anatta). De vijf aggregaten
waaruit ons lichaam en onze geest bestaan - vorm, gevoel, waarneming (geheugen en onderscheidend vermogen), mentale formaties
en bewustzijn - blijken vergankelijk, onbeheersbaar en zonder vaste
substantie te zijn. De objecten van het bewustzijn, zintuiglijke organen, zintuiglijke gewaarwordingen en elke ervaring die we tegenko-
men, vertonen ook deze drie kenmerken. Contemplatie over de vier
grondslagen van mindfulness leidt op natuurlijke wijze tot het besef
van vergankelijkheid, lijden en zelfloosheid, net als de laatste vier
instructies van Boeddha's leer over Anapanasati:

Inademen bewust van vergankelijkheid,
uitademen bewust van vergankelijkheid
Inademen bewust van vervagen,
uitademen bewust van vervagen
Inademen bewust van bevrijding,
uitademen bewust van bevrijding
Inademen loslaten,
uitademen loslaten.

In de Tibetaanse traditie zijn er ook verschillende benaderingen om leegte te begrijpen, maar ze volgen allemaal de Madhyamika- of Middenweg-filosofie. Deze contemplaties leiden er niet enkel toe dat men de zelfloosheid van de persoon begrijpt, maar ook de zelfloosheid en onderlinge afhankelijkheid van alle verschijnselen. In de Gelug-traditie wordt de onafscheidelijkheid van leegte en onderling afhankelijk ontstaan benadrukt. Omdat verschijnselen geen absoluut onafhankelijk bestaan hebben, verschijnen ze in een proces van "afhankelijk ontstaan", en omdat ze afhankelijk zijn in hun ontstaan, missen ze elk echt of substantiële realiteit. De Jonang-traditie komt daarentegen tot hetzelfde begrip door de drie naturen te analyseren. De basis voor de leegte van de ontkende natuur is de afhankelijke natuur, en de basis voor de leegte van de afhankelijke natuur is de oer of ultieme natuur.

De Kagyu- en Nyingma-tradities benadrukken een meer directe benadering voor het stellen van vragen in meditatie om tot de ware aard van de geest door te dringen. Een verkort voorbeeld van een dergelijke contemplatie, gebaseerd op de negende Karmapa's Mahamudra-leringen, gaat als volgt:

> *Kijk naar de aard van de geest als hij in stilte verblijft of gesetteld is en vraag: heeft hij een kleur, platte- of driedimensionale vorm? Heeft het een ontstaan, een ophouden, iets blijvends, of niet? Is zijn aard een toestand van een totaal blanco of is het een*

levendige helderheid?...

Laat op dezelfde manier een gedachte of gevoel opkomen en onderzoek de aard ervan: is er een plaats waar het vandaan kwam, een plaats waar het bleef bestaan of een plaats waar het ophield? Bevindt het zich buiten of in het lichaam? Is de aard van de gedachte of het gevoel een helder bewustzijn, en is er enig verschil tussen dit bewustzijn en het heldere bewustzijn dat je waarnam in de gesettelde geest?...

Je zou vervolgens de geest moeten onderzoeken die de verschijning weerspiegelt en hoe dit zich verhoudt tot het lichaam: Zijn de geest en de verschijning bij het reflecteren op een verschijningsvorm, geluid, smaak, enzovoort) twee aparte dingen? Zo niet, hoe verhouden ze zich? Zijn lichaam en geest hetzelfde of verschillend?...

Ten slotte zou je de aard van de geest in stilte en de bewegende geest samen moeten onderzoeken: komen de geest in stilte en de bewegende geest afwisselend naar voren? Is de geest in stilte als een veld en de bewegende geest die opkomt als een gewas dat erin groeit? Of zijn deze twee hetzelfde als een touw en zijn spoelen (in de zin van, dat je geen spoel los kunt hebben van het touw)?

Op deze manier leer je de aard van de geest, of leegte, begrijpen door middel van vier inzichten: de aard van de geest wanneer deze in stilte verblijft (het onderwerp verwijderen), de aard van de geest wanneer deze beweegt (het object verwijderen) , de aard van de geest in relatie tot verschijningen en het lichaam (zowel het subject als het object verwijderen) en de aard van de stilstaande en bewegende geestestoestanden samen (subject en object beide niet verwijderen).

In de Zen(of Chan) traditie wordt met voortschrijdende inzichten een soortgelijke benadering gebruikt. Deze wordt bereikt door het gebruik van koans om door de conceptuele geest te prikken, zoals: wat was mijn oorspronkelijke gezicht voordat ik werd geboren?, of mu (het antwoord van een grote zenmeester op de vraag: heeft een hond Boeddha-natuur. Letterlijk betekent het 'nee'). Deze contemplaties kunnen niet worden opgelost door logisch redeneren, maar alleen door dieper niet-conceptueel inzicht. De inzichten van een student worden herhaaldelijk gecontroleerd door een leraar.

In essentie stelt analytische meditatie je in staat je begrip van zowel de relatieve als de ultieme waarheid te verdiepen en te zien hoe dit zich verhoudt tot je eigen ervaring. Je kunt geleidelijk zien hoe inzicht in de relatieve waarheid leidt tot een dieper begrip van de ultieme waarheid. Hoe meer verzaking en mededogen je ontwikkelt, des te meer kun je de onderling afhankelijke aard van de werkelijkheid waarderen en hoe 'zelflozer' je wordt. Omgekeerd, wanneer je beseft hoe niets op zichzelf en onafhankelijk bestaat, krijg je een diep respect, liefde en mededogen voor anderen.

HOOFDSTUK 5

Meditatie objecten voor gevorderden

I. OPEN GEWAARWORDING ALS EEN MEDITATIE OBJECT.

Waarachtig inzicht kan zeker worden verkregen door analytische meditatie. Een andere benadering waaraan sommige mensen de voorkeur zouden kunnen geven, is meditatie gebaseerd op open gewaarzijn of het tot rust brengen van de geest in zijn natuurlijke staat. Net als ademhalingsbewustzijn is deze methode zeer geschikt voor mensen van wie de geest vatbaar is voor agitatie of dwangmatig denken. Om deze oefeningen op de juiste manier te beoefenen, is het vaak noodzakelijk om eerst bepaalde voorbereidende oefeningen te hebben voltooid.

Wanneer je eenmaal een bepaalde graad van concentratie hebt bereikt, kun je vervolgens je aandacht richten op de aard van je eigen ervaring en je bewust zijn van die ervaring, zonder dat je een specifiek meditatie-object nodig hebt. Op deze manier kun je de geest bevrijden van al zijn gewoontepatronen en hem geleidelijk laten vestigen in zijn grondtoestand. Dit proces kan worden versterkt door je ogen te openen en je te richten op de lege ruimte voor je, terwijl je simpelweg observeert hoe gedachten, gevoelens, waarnemingen, herinneringen en sensaties opkomen en weer oplossen in deze leegte, zonder erin verstrikt te raken.

In de Theravada-traditie spreekt de Satipatthana Sutta over mindfulness van verschijnselen, inclusief de vijf aggregaten, de zintuiglijke objecten en andere objecten van gewaarwording. Eén interpretatie hiervan is de geest te laten ontspannen in een staat van 'ongebonden mindfulness', waarbij men eenvoudig waarneemt hoe objecten in de geest ontstaan en weer oplossen in de toestand van open gewaarzijn. In de Zen-traditie bestaat een soortgelijke praktijk, bekend als shikantaza, die vaak een aanvulling vormt op het gebruik van koans als meditatie-object.

In de Tibetaanse traditie zijn er verschillende meditatietechnieken die open gewaarzijn als object gebruiken. Een tekst uit de Kagyu-traditie biedt de volgende instructie voor het omgaan met gedachten die opkomen:

> *Welke gedachten er ook opkomen, erken ze gewoon voor wat ze zijn, richt je aandacht erop zonder te denken 'ik moet ze blokkeren', of ik voel me gelukkig of ongelukkig. Kijk er gewoon naar met het oog van onderscheidende gewaarwording, in het volle besef dat ze slechts het spel van de geest zijn en laat ze passeren zonder je er mee te identificeren... als een parade van personages die over een podium marcheren.*

In de Nyingma-traditie staat dit soms bekend als stilte, beweging en bewustzijn, waarvan de instructie als volgt is:

> *Herken beweging terwijl je in stilte verblijft,*
> *Als er beweging optreedt, houd dan de ondergrond van stilte vast,*
> *Als er geen onderscheid meer is tussen stilte en beweging,*
> *Dat is de introductie tot éénpuntigheid.*

Daarom moet je, wanneer er beweging ontstaat, de stilte niet bevriezen of de beweging belemmeren. Herken in plaats daarvan de beweging onmiddellijk zodra deze zich voordoet. Door simpelweg de beweging te herkennen terwijl je de ondergrond van stilte vasthoudt, zal de beweging weer oplossen in de stilte. Uiteindelijk kun je een levendig stadium bereiken waarin beweging kan plaatsvinden in de stilte en stilte kan plaatsvinden tijdens de beweging, omdat de beweging geen afleiding meer veroorzaakt.

De gemoedstoestand die met deze oefening wordt bereikt, wordt gekenmerkt door drie kwaliteiten: gelukzaligheid, helderheid en niet-conceptualiteit. Deze geest is als de hemel, uitgestrekt en ruim. Wat er ook doorheen beweegt, of dit nu wolken, regenbogen of bliksem zijn, de lucht reageert niet. Net als de lucht kun je jezelf trainen om aandachtig te zijn voor alles wat in je opkomt zonder je ergens aan vast te klampen. Het voortzetten van deze oefening kan leiden tot shamatha en vervolgens direct inzicht, terwijl je geleidelijk de drie kwaliteiten van de verlichte geest ontdekt – zijn lege essentie, wetende aard en allesomvattend mededogen.

In de Jonang-traditie staat de toestand van niet-conceptueel open gewaarzijn centraal in de tantrische shamatha-praktijk van de donkere kamer. De speciale houding, met de ogen wijd open starend in de duisternis ter hoogte van het voorhoofd, is een zeer effectieve tantrische methode om de geest in de niet-conceptuele staat te 'dwingen' en deze te gebruiken als object voor eenpuntige concentratie. In tegenstelling tot de methoden van de meeste andere tradities is er geen proces nodig om 'de aard van de geest te onderzoeken'. Dit is een buitengewone methode die de subtiele, diepgaande en unieke kenmerken van het tantrische pad benadrukt.

Tot slot wil ik opmerken dat de beoefening van open gewaarzijn (of welke meditatiebeoefening dan ook) kan worden verbeterd door na de meditatie wat tijd te besteden aan het terughalen van je ervaringen. Je kunt je ervaringen in een dagboek noteren, ze met een partner bespreken of simpelweg enkele minuten besteden aan het herinneren van hoe je meditatie verliep, inclusief de gedachten, emoties, associaties, zintuiglijke ervaringen, mentale beelden en herinneringen die je tegenkwam. Dit soort *terugblikkend gewaarzijn* kan je vermogen om bewustzijn tijdens je meditatiebeoefening vast te houden enorm verbeteren.

II. De Jhanas als meditatie-object

De jhana's zijn uiterst verfijnde, gelukzalige en volledig geabsorbeerde gemoedstoestanden die je kunt ervaren na het bereiken van shamatha. Er zijn in totaal acht jhana's die in volgorde worden bereikt, bestaande uit vier vorm-jhana's (waar een subtiel type vorm aanwezig is) en vier vormloze jhana's, waar er geen grenzen zijn aan iemands bewustzijn en de waarneming van elke vorm is verdwenen. Het betreden van deze toestanden vereist een volledige overgave van controle, en de tijd die je in deze toestanden doorbrengt, hangt af van het 'momentum' van concentratie dat je hebt opgebouwd. De vier vorm-jhana's kunnen je naar diepere concentratietoestanden brengen dan shamatha en kunnen je daardoor helpen inzicht te ontwikkelen, terwijl de vier vormloze jhana's hiervoor over het algemeen minder nuttig zijn.

De toegang tot de jhanas wordt beschreven in de twaalfde fase van de Anapanasati sutta:

> *Inademen om de geest te bevrijden,*
>   *uitademen om de geest te bevrijden*

Volgens deze instructie is het betreden van een jhana een proces van volledige bevrijding van de geest, waarbij je wegzinkt of duikt in het subtiele mentale object dat de focus van je meditatie is. Als alternatief kan schitterend licht je omhullen met een gevoel van vervoering, terwijl je een toestand binnengaat die volledig gelukzalig is, maar tegelijk volledig bewust en stabiel. Terwijl je in deze toestand verzonken bent, heb je geen enkel gevoel van ruimtelijke locatie, inclusief wat er met je lichaam gebeurt, noch kun je iets horen, zien of zeggen.

Volgens het boeddhisme zijn de jhana-toestanden gelijk aan de ervaring van de vorm- en vormloze rijken, waar wezens zouden worden herboren als ze zich sterk vertrouwd maken met deze meditatie-ervaringen of eraan gehecht raken. Als je echter niet gehecht bent aan deze ervaringen en de beoefening met de juiste visie en intentie benadert, kunnen de jhana's een buitengewoon meditatie-object zijn. Vooral de vierde vorm-jhana kan je helpen uitzonderlijke eenpuntige concentratie te bereiken, en na deze ervaring kun je gemakkelijk doordringen tot de waarheid van vergankelijkheid, lijden en zelfloosheid.

De geest die door shamatha-beoefening wordt gerealiseerd, behoort tot het vormrijk en wordt beschreven als een voorbereidende of toegangstoestand tot de realisatie van de eerste jhana. Nadat dit is bereikt, wordt de eerste jhana verworven door zeven voorbereidende stadia na shamatha. Elk van de vier vorm-jhana's heeft zeven voorbereidende stadia, bekend als de zeven plaatsingen van aandacht, en ze kunnen alleen worden bereikt door achtereenvolgens door deze stadia te gaan. De volgende beschrijvingen zijn slechts benaderingen, omdat ze zeer subtiele toestanden of kwaliteiten van de geest beschrijven die kunnen worden bereikt zodra shamatha is ervaren; meer gedetailleerde beschrijvingen zijn beschikbaar maar vallen buiten het bestek van dit boek (Tibetaanse monniken besteden traditioneel vele jaren aan de studie van dit onderwerp).

1. De initiële aandacht

In deze fase heb je de specifieke aandacht om de verbinding met de jhana-staat op gang te brengen.

2. Onderscheidende aandacht

Deze fase heeft een sterk discriminerend vermogen, gebaseerd op de integratie van studie en reflectie.

3. Aandacht die ontstaan is uit geloof

De geest bereikt nu een bijzondere kwaliteit van overtuiging.

4. Geïsoleerde aandacht

In dit stadium heeft de geest aandacht die totaal vrij is van subtiele afleidingen.

5. Aandacht voor vreugde of terugtrekking

De kwaliteit van deze geest is om vreugde in jezelf te verwelkomen en overweldigende vreugde te ervaren.

6. Analytische aandacht

De kwaliteit van de geest in dit stadium is om subtiel onderzoek en begrip te verwerven.

7. Laatste integrerende aandacht

Deze laatste fase vertegenwoordigt de voltooiing van de kwaliteiten die naar de werkelijke jhana-gemoedstoestand leiden.

Nadat je uit de meditatie op een van de jhana-toestanden bent gekomen, kun je de specifieke jhana herkennen door een bepaalde reeks kwaliteiten te identificeren. Deze eigenschappen beschrijven een gemoedstoestand die steeds subtieler wordt en fungeren als tegengif voor de vijf hindernissen – lethargie, onzekerheid, kwaadwillendheid, rusteloosheid en wroeging, en verstorende begeerte. Hoewel ik deze kwaliteiten met bepaalde woorden beschrijf, zijn ze veel subtieler en verhevener dan wat deze woorden gewoonlijk aangeven. De eerste jhana heeft vier kwaliteiten: onderzoek en analyse, vreugde, gelukzaligheid en eenpuntigheid. Bij het bereiken van de tweede jhana houdt de eerste kwaliteit op, zodat men achterblijft met een geest die rust in een toestand van vreugde, gelukzaligheid en eenpuntigheid. De derde jhana wordt gekenmerkt door een toestand van gelukzaligheid en eenpuntigheid, terwijl in de vierde jhana alleen eenpuntigheid of gelijkmoedigheid overblijft. De concentratie is het meest verfijnd in de vierde jhana en is daarom ongelooflijk krachtig.

Voorbij de vierde vorm-jhana kan een mediterende de vier vormloze jhana-toestanden ervaren: grenzeloze ruimte, grenzeloos bewustzijn, nietsheid en voorbij waarneming. Deze toestanden zijn echter over het algemeen niet zo heilzaam, omdat de gemoedstoestand uiterst subtiel is en de concentratie mist die in de voorafgaande jhana's is ontwikkeld. De tweede van deze toestanden, oneindig bewustzijn, kan in sommige gevallen als springplank dienen voor de realisatie van leegte, hoewel de andere toestanden over het algemeen een belemmering vormen voor het ontwikkelen van ware wijsheid. Deze kwaliteit van geest in de vormloze jhana's heeft bijna geen waarneming, en is slechts een vorm of subtiele ervaring van de geest. Het kan de mediterende projecteren naar een wedergeboorte in de vormloze rijken waar geen fysieke vormen worden ervaren: geen geluid, geen geur, geen smaak en geen gewaarwording.

Als je shamatha al hebt bereikt, kun je zien dat de eerste jhana veel subtieler is dan de shamatha-geest zelf. Door de subtiele en vredige aard van deze geest waar te nemen, word je geïnspireerd om met toewijding verder te oefenen om de fijnere niveaus van de vorm-jhana's te bereiken. Zodra absorptie in de eerste jhana is bereikt, raak je geïnspireerd om toegang te krijgen tot en jezelf onder te dompelen in de tweede, derde en vierde jhana. Nadat je uit deze toestanden bent gekomen, wordt een hoge mate van stabiliteit en levendigheid overgedragen naar je dagelijkse activiteiten, wanneer je geest terugkeert naar het rijk van begeerte. Terwijl je in meditatie bent, laat je tijdelijk de kwellende gedachten en emoties achter die het rijk van begeerte kenmerken; tussen sessies komen ze nog steeds voor, maar met een lagere frequentie, intensiteit en duur.

De krachtige concentratie die in de jhana's wordt bereikt, opent ook de deur naar helderziendheid en bovennatuurlijke vermogens. Door de geest te richten op de herinnering aan vorige levens, kan men directe waarneming krijgen van vele vorige existenties, waarbij men de aard van de ervaringen in elk daarvan herinnert. Men kan ook het 'goddelijke oog' ontwikkelen, dat direct het overlijden en de wedergeboorte van wezens waarneemt en hoe ze zich op basis van hun daden door verschillende bestaansrijken bewegen. Bovendien kan men goddelijk gehoor, kennis van andermans geest en bovennatuurlijke vermogens ontwikkelen die het mogelijk maken om de vier elementen te beheersen, zoals het bewegen door vaste objecten, lopen op water of vliegen door de ruimte. Het ontwikkelen van deze vijf soorten buitenzintuiglijke vermogens betekent echter niet dat je bevrijding hebt bereikt.

Het bereiken van de verschillende jhana's kan leiden tot wedergeboorte in de verschillende vorm- en vormloze rijken. Boeddhistische mediterenden zoeken hier echter over het algemeen geen wedergeboorte, omdat het meestal niet mogelijk is om het pad van de Boeddha te beoefenen. Geboorte in deze sferen is vrij van grof lijden, maar zoals alle dingen moet ook dit soort bestaan uiteindelijk tot een einde komen. Aangezien dit niet per se de beste plaats is om te oefenen, kan zo'n geboorte een verspilling van positief karma zijn. Er zijn echter uitzonderlijke gevallen van boeddhistische beoefenaars die wedergeboorte in deze rijken zoeken om kwellingen snel en tijdelijk te verzachten, hoewel hun neigingen later volledig moeten worden uitgeroeid. Er is ook een stadium van verworvenheid in het Theravada-pad dat bekendstaat als 'niet-terugkerende', waarna iemand spontaan wordt herboren in een vormrijk voordat hij nirvana bereikt.

Bronnen

Veel van de beoefeningen die in deze tekst aan de orde komen, worden in de volgende boeken uitgebreider besproken:

Bikkhu Bodhi (ed). In the Buddha's Words: An Anthology of Discourses from the Pali Canon (Boston: Wisdom 2005).

John Barter. Mindfulness Meditations with John Barter. 2 CD Set. (Sydney 2009).

Ajahn Brahm. Mindfulness, Bliss and Beyond: A Meditator's Handbook (Somerville: Wisdom 2006).

Ajahn Chah. A Still Forest Pool: The Insight Meditation of Ajahn Chah. Compiled by Jack Kornfield and Paul Breiter (New York: Quest, 1986).

His Holiness the Dalai Lama. How to See Yourself As You Really Are: A Practical Guide to Self-Knowledge (London: Rider, 2006).

The Ninth Karmapa Wangchuk Dorje. The Mahamudra: Eliminating the Ignorance of Darkness. (Dharamsala: Library of Tibetan Works and Archives, 2002).

Shar Khentrul Jamphel Lodro. Unveiling Your Sacred Truth through the

Kalachakra Path, Books One to Three. (Melbourne: Tibetan Buddhist Rime Institute, 2016).

B. Alan Wallace. The Attention Revolution: Unlocking the Power of the Focused Mind (Boston: Wisdom 2006).

Over de auteur

Khentrul Rinpoché Jamphel Lodrö is de oprichter en spiritueel directeur van Dzokden. Rinpoche is de auteur van vele boeken, waaronder Unveiling Your Sacred Truth, The Great Middle Way: Clarifying the Jonang View of Other-Emptiness, Een gelukkiger leven en The Hidden Treasure of the Profound Path.

Rinpoche bracht de eerste twintig jaar van zijn leven door met het hoeden van jakken en het reciteren van mantra's op de hoogvlakten van Tibet. Geïnspireerd door de bodhisattva's verliet hij zijn familie om in verschillende kloosters te studeren onder leiding van meer dan vijfentwintig meesters in alle Tibetaans-boeddhistische tradities. Door zijn niet-sektarische benadering verwierf hij de titel van Rimé (onbevooroordeeld) Meester en werd hij erkend als de reïncarnatie van de beroemde Kalachakra-meester Ngawang Chözin Gyatso.

De kern van zijn onderricht is de erkenning dat er grote waarde schuilt in de diversiteit van alle spirituele tradities in deze wereld. Hij richt zich daarbij op de Jonang-Shambhala-traditie. De Kalachakra-leringen (wiel van de tijd), overgeleverd door de Kalki-koningen van Shambhala, bevatten diepgaande methoden om onze externe omgeving in harmonie te brengen met de innerlijke wereld van lichaam en geest. Deze tantra is direct verbonden met het karma van onze aarde om de Gouden Eeuw van Vrede en Harmonie (Dzokden) tot stand te brengen. Khentrul Rinpoche heeft het tot zijn levensmissie gemaakt om deze kostbare leringen in zoveel mogelijk talen wereldwijd te verspreiden, zodat we onze wereld werkelijk kunnen transformeren, persoon voor persoon, van binnenuit.

Shar Khentrul Jamphel Lodrö

Rinpoche's visie

Dzokden werd opgericht met het uitdrukkelijke doel Khentrul Rinpoche te ondersteunen bij het verwezenlijken van zijn visie om de Gouden Eeuw van vrede en harmonie in deze wereld tot stand te brengen. Terwijl onze gemeenschap blijft groeien en ontwikkelen, raken steeds meer mensen betrokken bij deze buitengewone inspanning.

Om een indruk te geven van de reikwijdte van Rinpoche's visie, kunnen we acht doelstellingen

DOELEN OP DE KORTE TERMIJN

Uiteindelijk is blijvend, oprecht geluk alleen mogelijk door diepgaande persoonlijke transformatie. Meer dan ooit hebben we methoden nodig om onze wijsheid te ontwikkelen en ons grootste potentieel te verwezenlijken. Het is om deze reden dat Rinpoche zo'n hoge prioriteit geeft aan het behoud van de Jonang Kalachakra-overleveringslijn. Er zijn vier manieren waarop Rinpoche dit wil doen:

1. **Creëer mogelijkheden om verbinding te maken met een authentieke en complete Kalachakra-lijn in nauwe samenwerking met toegewijde mediteerders in het afgelegen Tibet.** Ons doel is om alle ondersteuning te bieden voor het beoefenen van Kalachakra in overeenstemming met de authentieke meesters die deze traditie al duizenden jaren in stand houden. Dit doen

we door het in opdracht geven van beelden en schilderijen, het schrijven van boeken en het geven van onderricht over de hele wereld. We leggen bijzondere nadruk op het waarborgen van de authenticiteit van onze materialen, waarbij we putten uit de diepgaande ervaring van hoogontwikkelde mediteerders die hun leven aan deze praktijken wijden.

2. **Oprichting van internationale retraitecentra voor de studie en beoefening van Kalachakra.** Om de leringen in onze geest te integreren, is het van cruciaal belang om perioden van intensieve beoefening te kunnen ervaren. Daarom werken we aan het creëren van de noodzakelijke infrastructuur die de leden van onze gemeenschap ondersteunt bij het deelnemen aan zowel korte als lange termijn retraites. Dit omvat de aankoop van land en de bouw van alles wat nodig is om groeps- en individuele retraites te faciliteren. Ons langetermijndoel is om een netwerk van dergelijke centra over de hele wereld te ontwikkelen, waardoor een mondiale gemeenschap ontstaat die een grote verscheidenheid aan beoefenaars ondersteunt.

3. **Vertaal en publiceer de unieke en zeldzame teksten van Kalachakra-meesters.** Het Kalachakra-systeem is in de loop van de lange geschiedenis van Tibet het onderwerp geweest van talloze teksten. Tot nu toe is slechts een klein deel van deze teksten vertaald en toegankelijk gemaakt in het Westen. Hoewel de theoretische teksten belangrijk zijn, willen we ons vooral concentreren op de kernachtige instructies die toegewijde beoefenaars naar een diepere ervaring van deze diepzinnige leringen leiden.

4. **Ontwikkel de tools en programma's voor een gestructureerde leerervaring.** Met groepen studenten verspreid over de hele wereld, vinden wij het belangrijk om optimaal gebruik te maken van moderne technologieën om het leerproces voor onze studenten te faciliteren. Ons doel is om een robuust online onderwijsplatform te ontwikkelen waarmee onze internationale gemeenschap toegang krijgt tot hoogwaardige studieprogramma's die intuïtief, gestructureerd en inspirerend zijn.

LANGETERMIJNDOELEN

Terwijl we allemaal werken aan het bereiken van ultieme vrede en harmonie in onze eigen geest, mogen we niet vergeten dat we bestaan binnen de context van een wereld gevuld met een grote diversiteit aan individuen. Deze individuen geven aanleiding tot een grote verscheidenheid aan overtuigingen en praktijken die op hun beurt bepalen hoe we met elkaar omgaan. In deze onderling afhankelijke realiteit is het van cruciaal belang om werkbare strategieën te vinden voor het bevorderen van meer tolerantie en respect. Hiertoe stelt Rinpoche vier specifieke activiteitengebieden voor:

1. **Bevorder de ontwikkeling van een Rimé-filosofie door dialoog met andere tradities.** Met de wens om constructieve leden van een pluralistische samenleving te zijn, moeten we manieren leren om onze verschillen te verzoenen. Hiertoe willen wij mensen helpen positieve eigenschappen te ontwikkelen die een houding van wederzijds respect, openheid voor nieuwe ideeën en een nieuwsgierige wens om onze onwetendheid te overwinnen bevorderen.

2. **Ontwikkel zeer gerealiseerde rolmodellen door financiële steun te bieden aan toegewijde beoefenaars.** Om de authenticiteit van onze spirituele tradities te waarborgen, is het noodzakelijk dat er mensen zijn die de hoogste realisaties verwezenlijken. Daarom streven wij ernaar een financieel studiebeurzenprogramma te creëren dat authentieke beoefenaars ondersteunt die hun leven willen wijden aan spirituele ontwikkeling, ongeacht hun systeem van beoefening. Door mensen te helpen de leringen te verwezenlijken, worden zij positieve rolmodellen voor de mensen om hen heen en inspireren en begeleiden zij toekomstige generaties.

3. **Realiseer het grote potentieel van vrouwelijke beoefenaars door gespecialiseerde trainingsprogramma's te ontwikkelen.** De Tibetaanse cultuur heeft een lange geschiedenis van het vormen van hoogontwikkelde meesters door intensieve training van degenen van wie wordt erkend dat ze een groot potentieel hebben. Helaas was de zoektocht naar potentieel vaak uitsluitend gericht op mannelijke kandidaten. Rinpoche gelooft dat het steeds belangrijker wordt om sterke, hoogontwikkelde vrouwelijke rolmodellen te hebben die kunnen helpen meer evenwicht in onze wereld te brengen. Om deze reden werken we aan de ontwikkeling van een uniek trainingsprogramma dat vrouwen de mogelijkheid biedt hun spirituele potentieel te verwezenlijken. Het is ons doel om een gespecialiseerd curriculum te ontwerpen, evenals de financiële infrastructuur om alle aspecten van hun opleiding volledig te ondersteunen.

4. **Bevorder een grotere flexibiliteit van geest en een breder begrip van de werkelijkheid door middel van moderne onderwijsprogramma's.** In een snel veranderende wereld moeten we opnieuw nadenken over de vaardigheden die we onze kinderen

leren. De rigide structuren uit het verleden zijn vaak slecht toegerust om leerlingen voor te bereiden op de uitdagingen waarmee zij in hun leven te maken zullen krijgen. Daarom streven we ernaar een verscheidenheid aan educatieve programma's te ontwikkelen die kinderen kunnen helpen flexibeler te worden en zich beter aan te passen aan hun omgeving. Een belangrijk onderdeel van deze programma's is de ontwikkeling van een groter bewustzijn van de rol die onze geest speelt in onze dagelijkse ervaringen. We streven er ook naar om hervormingen door te voeren in het monastieke onderwijssysteem, om het relevanter te maken voor deze moderne wereld.

HOE KUNT U UW STEUN AANBIEDEN?

Bovenstaande is niet mogelijk zonder uw steun en deelname. Een visie van deze omvang vereist veel verdienste en vrijgevigheid van vele weldoeners gedurende vele jaren. Als u uw steun wilt aanbieden, aarzel dan niet om contact met ons op te nemen.

Dzokden
3436 Divisadero Street
San Francisco, California 94123
United States of America
www.dzokden.org

www.ingramcontent.com/pod-product-compliance
Lightning Source LLC
Chambersburg PA
CBHW071208120626
46546CB00006B/2471